U0417603

文创产品设计

单阳　编著

机械工业出版社
CHINA MACHINE PRESS

“中华文化，源远流长；博大精深，卓越辉煌。”汲文化之源泉，辅创意之甘露，凝自信之坚心。

本书创作立足于探究文化创意（文创）的多元化发展趋势，将其文化性与实用性结合大量设计案例展开讲解。主要包括：一是文创设计的来源、现状及未来发展趋势；二是文创产品的分类，藉国潮文创、城市文创、科普文创、企业文创、校园文创等实际案例进行介绍；三是介绍文创产品设计前沿知识，通过案例来讲解3D数字化、体验设计等多维度的创新要素；四是将文创产品设计方法、原则结合实际案例介绍；五是从知识产权申报及授权角度切入，介绍如何对文创产品进行知识产权保护。

愿本书能为学习文创设计、产品设计的莘莘学子以及从事相关工作的设计师提供思路与灵感。

图书在版编目（CIP）数据

文创产品设计 / 单阳编著. — 北京：机械工业出版社，2023.5

ISBN 978-7-111-73033-0

Ⅰ.①文… Ⅱ.①单… Ⅲ.①文化产品－产品设计 Ⅳ.①G114

中国国家版本馆CIP数据核字（2023）第068207号

机械工业出版社（北京市百万庄大街22号 邮政编码100037）
策划编辑：于翠翠 责任编辑：于翠翠
责任校对：龚思文 李 婷 责任印制：常天培
北京宝隆世纪印刷有限公司印刷
2023年7月第1版第1次印刷
187mm × 260mm · 11印张 · 1插页 · 170千字
标准书号：ISBN 978-7-111-73033-0
定价：88.00元

电话服务 网络服务
客服电话：010-88361066 机 工 官 网：www.cmpbook.com
010-88379833 机 工 官 博：weibo.com/cmp1952
010-68326294 金 书 网：www.golden-book.com
机工教育服务网：www.cmpedu.com

前　言

文化是一种社会现象，它覆盖人们日常生活的方方面面，与我们朝夕相伴。文化传承的深度与广度，主要受其传播性和应用频率影响。随着信息时代的不断发展，我们能够接触越来越多不同地区、民族和国家的丰富多彩的文化。多文化的交融逐渐成为世界文化发展的趋势，并催生出这个时代新的文化及文化载体。文化创意产品（文创产品）则是在文化产业不断发展的浪潮中涌现出的新时代语境下的文化载体。文创产品既可以是对优秀文化的审美再现，也可以是融入我们日常生活的各类消费产品。每个时代文化的发展，都是传统文化去芜存菁、推陈出新的过程，这使文化能够与现代化进程、社会生活接轨。文创产品作为新时代文化的载体，具备时代性、传播性、实用性、商业性等特征，其中商业性、实用性是维持文创产品不断发展和创新的重要因素。

随着经济的发展和人们对文化产品的需求不断提高，文创产品设计领域的边界正不断被拓宽。从文创产品的种类来看，文创产品以“文化+”作为其主要的发展趋势，包括“中国传统文化+文创”“流行文化+文创”“民族文化+文创”“城市文旅+文创”“博物馆+文创”“科普+文创”“校园+文创”“企业+文创”等；从文创产品的承载形式来看，文创产品日渐繁盛，包括以图案、IP为主的文创衍生品，以“外观+功能性”为主的文化创意产品，以数字化为主的互联网及虚拟文化互动产品等。本书将通过文创产品的种类及设计案例分享文创产品的设计思路、创新产品设计展示等内容，希望能给喜欢文创产品的读者提供多元的文创产品设计的相关内容。

本书选用了大连交通大学艺术设计学院师生共同创作的优秀文创产品设计作品（课堂虚拟课题成果），在此特别感谢王丹、丛琳琳、张卓、杨纯、孙志伟、陈俊龙、郭迦美、武雅楠、宫金娣、余欣彤、孙宁、贾家一、马新月、郝晓艳、刘业辉、沈美辰、何思雨、孟梓昕、刘辰昕、柴巾媛、刘雅楠、王茜、李沂宁、秦泽曦、冯敏瑞、李青、孙浩然、王也辰、王淼等师生的大力支持。同时感谢大连东方视野文化传播有限公司、大连优路知识产权代理有限公司提供的设计案例、知识产权等相关资料。

文化创意产品的设计理念与创意方法都在不断地变化和发展中，笔者尽其所能，将设计案例与读者分享，但难免有不足和疏漏之处，诚恳希望各位读者给予批评指正。万分感谢！

目录

第四章 知识产权及专利申请案例讲解

第一章 解读文创产品设计

认识文创产品设计

文创设计的来源

文创设计是文化创意设计的简称，是在经济全球化背景下产生的以创造力为核心的新兴产业的设计类型。文化创意产业作为一种全新的经济形态，强调一种主体文化或文化因素依靠个人（团队）通过创意、技术及商业化的方式进行开发和营销。文化创意产业起源于20世纪 90 年代，发展至今已有30余年。放眼全球，在知识经济时代，许多国家和地区都在积极推动文化创意产业的发展，其在 GDP 中所占比重呈增长之势。文化创意产业在中国经济新常态、产业结构转型及升级的大背景下，扮演着越来越重要的角色。文创设计在我国大环境渐好的形式下有了更好的发展前景与发挥空间。

文创产品的演变与发展

在文创产品概念提出之前，其对应的概念是旅游纪念品。旅游纪念品是将文化与地域特色融入产品当中。在过去，我国旅游纪念品品质不高、同质化较为严重，不能满足广大旅游者的需求。近年来，国家不断出台政策予以引导，市场上逐渐出现了较为优秀的运营主体，他们积极创新，开拓了具有中国特色的文创产品开发路径。如故宫博物院通过开发文创产品，既满足了广大旅游者的文化需求，提高了游客满意度，又弘扬了中国优秀传统文化，获得了一定的社会效益和经济效益。可见，我国文创产品已正式掀起了开发与创新的热潮。

文创产品走进大众视野的关键因素是视觉设计与产品设计的强强联手。在平面设计方面，文创产品不断提升其视觉体验感，使设计在视觉上具有较强的文化艺术性；在产品设计方面，文创产品推陈出新，不满足于表面涂装，而是让文化精神蕴含在产品的造型、功能和使用方式中，同时在产品结构上不断探索创新性。因此，文创产品设计的发展趋势将是视觉与产品的双向结合。不断升华产品的文化内涵，做出有壁垒的文创产品，而不会昙花一现，这样才是真正意义上不可代替的、具有生命力的文创产品设计。文创产品设计领域的不断发展，要求文创产品设计师应具备平面视觉图案设计能力及产品外观、功能、结构的设计能力。

如今，“科技+文创”的模式已成为信息化时代背景下文创设计发展的新趋势，数字化服务平台的日益完善实现了文创产品商业销售模式的多样化。在未来，文创产品将会与更多的数字化技术结合，特别是与AR（增强现实）、VR（虚拟现实）等多种三维数字化技术结合，实现沉浸式体验。另外，随着智能硬件的发展，文创产品与人工智能技术的结合将会带来更多的交互体验。

文创产品设计的概念

文创产品是文化传承的一种方式，也是文化与现代化融合的一种产物。文化既是精神的也是物质的。从广义上来讲，文化指人类在一定的时间范围内或地域内共同的认同基础，它包括历史、风土人情、传统习俗、生活方式、宗教信仰、艺术、伦理道德、法律制度、价值观念、审美情趣、精神图腾等方面。将这些文化理念与文化载体通过创新设计，让其具备新时代视野下的文化性、艺术性、功能性、商业性、传播性，以确保其文化价值的再现、认同及传播。文创产品将以一种新的形式定义人与物的连接方式，传递文化、理念，使消费者建立新的产品价值理念，同时与人们的生活息息相关并影响着人们的生活方式。

文创产品设计的本质是文化移情到文化共情的过程，如何让文创产品实现产品的文化共情，是文创产品实现其商业性和传播性的关键。所谓文化移情，指的是将文化中蕴含的图案、形态、结构等设计要素以神形兼备的创新设计手法应用于产品中。而在产品使用的过程中让用户体验到产品的文化情怀和巧妙便捷的使用方式，这便实现了文化共情。中国文化与现代艺术审美的结合可以实现产品造型与功能性的共情性。当文化创意设计有了共情性，产品便在实现商业化的同时具有了传播性，用中国文化、美学逻辑去塑造可共情的品牌、产品、服务，使文化共情成为设计者、产品、用户之间连接的纽带。

文创产品的分类

根据文创产品表现形式分类

1. 以装饰性、纪念性为主的视觉产品

这类产品的设计多利用文化载体中的图样、纹样进行图案、品牌标志等创意设计，以平面的形式呈现或将创意图案嫁接于现有产品之上，改变其表面图案及色彩效果。这类产品主要包括宣传海报、明信片、信封、纸袋、笔记本、钥匙扣、冰箱贴、马克杯、包装、产品涂装等。这类产品的商业优势在于产品的成本较低，产品生产周期短，便于实现。此类文创产品设计多应用于文旅纪念品、企业文创产品及伴手礼等，主要设计领域包括视觉设计、产品设计等。

海豹“斑斑”抱枕（文旅纪念品）

2. 以IP玩偶、手办等立体形象为主的文创产品及其系列衍生品

该类产品的设计以文化元素为基础完成创意形象设计，是文创设计从二维向三维转化的表现形式。根据IP的推广度和知名度可以实现衍生品及周边产品的设计。此类文创产品设计多应用于潮玩盲盒、影视与动漫周边、城市文旅、博物文创、科普文创、企业及校园文创等，设计领域包括影视、动画、雕塑、视觉设计、产品设计。

海豹“斑斑”IP玩偶

3. 以文化性、功能性、形态创意、结构创新为主的文创产品

此类文创产品包括家居日用品、办公文具、小家电、玩具、电子产品、化妆品、旅行用品等。这类文创产品的特点是将文化融入产品的外观、功能及使用方式中。此类文创产品设计既可以应用于文化宣传定制的功能性产品，也可以是产品设计的一股清流，作为人们日常生活中润物细无声的文化传播使者。设计领域包括产品设计、工业设计、视觉设计。

4. 以数字化为基础的文创产品

此类产品的设计模式、销售模式、展示模式、数字文化产权保护等都在不断发展。

1）以三维扫描和3D打印技术为主的文创设计与定制化服务。如今，3D数字化技术逐渐被应用在文化创意产业中，制造方式的改变影响了设计思维，具有独特装饰性的有机形态让人们耳目一新。这类产品在制作过程中突破传统加工工艺，使设计师的作品能够更好地被呈现。在这个过程中，借助三维扫描技术获取精准模型数据，可以辅助文创产品造型设计；借助3D快速成型技术制作模型，可验证其可靠性，并可以制作产品模具；通过3D打印技术将复杂的造型元素融入文创产品中，增加其艺术创意性、科技感。例如，中国国家博物馆文创衍生品，故宫博物院文创衍生品，及高校创意设计实践课程中的基于3D数字化文化创意灯具。

3D打印的“繁生”文化创意灯具

2）通过数字化网络平台（如小程序、H5页面等），进行文创产品的展示和线上销售。数据库和数字平台的搭建，能够“培育”文化创新创意，连接文创产业各个环节，从而让文创产品的开发、传播更为顺畅。例如，敦煌研究院与企业开展全方位的深入合作，推出“数字供养人”项目，促使大众通过多元化渠道参与敦煌文物的数字化保护。如下图所示，通过小程序，用户可以用辽博藏品元素设计、定制、生产丝巾和明信片等博物馆纪念品。

辽博藏品“玉猪龙”创意丝巾

3）以虚拟现实、全息投影等技术手段动态展示历史与文化。挖掘文化的精神内核，从源头上进行数据挖掘及处理，凝练、归纳出文化传递和展示方式，以影像资料、动画等多媒体为载体，生动形象地展现历史情景。虚拟现实、全息投影、三维立体建模等技术可提供沉浸式体验，帮助实现数字化文创体验设计。现阶段的虚拟现实与文化的结合多应用于博物馆及科普类体验馆，如“Online Culture——辽宁省博物馆数字文创体验服务平台设计”就是基于此设计理念完成的课程虚拟课题设计研究。

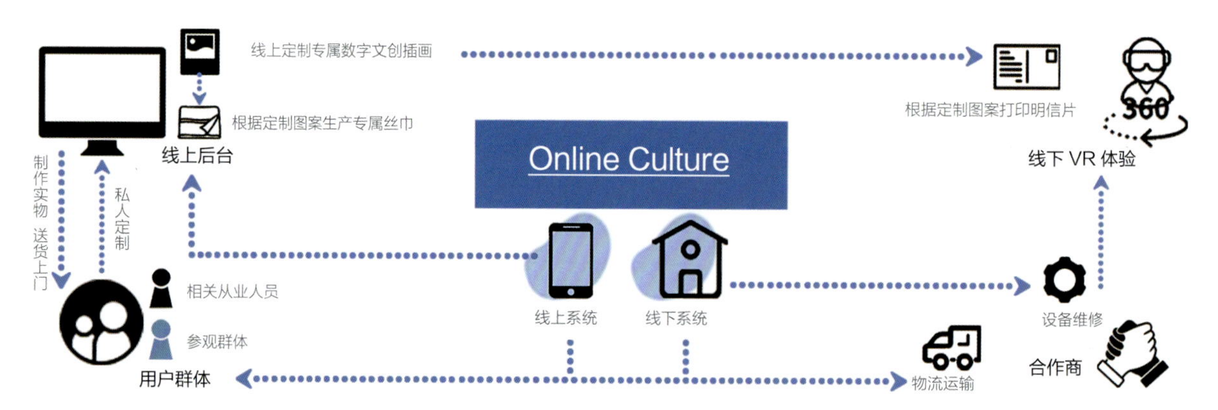

Online Culture——辽宁省博物馆数字文创体验服务平台设计

4）以区块链技术为基础的数字文创。数字文创业务已纳入国家级数字文创规范治理生态矩阵数字文化产权登记流转体系中。国家级数字文创规范治理生态矩阵旨在推动和强化行业规范治理，引导数字文创、数字版权、数字艺术、虚拟世界与现实交互版权产业等相关领域合理有序发展。相关优质数字文创产品在国家级版权交易保护联盟链上存证，并在获得相关“数字登记证明”后，依照法规通过“数字文化产权登记托管流转专区”进入国家级版权交易保护联盟链超级节点等平台进行转让流通。如三星堆元宇宙典藏主题系列，其中包含万象、燎祭、幻城系列典藏卡，通过随机盲盒方式，限时限量发售。该系列藏品是基于科证区块链技术协议发行的数字藏品，由四川省文物考古研究院、三星堆博物馆联合发行。

根据文创产品设计领域分类

随着经济的发展和人们对文创产品的需求与喜爱程度渐增，文创产品设计领域正不断拓宽其边界，与各个领域融合，催生出丰富多彩的圈层文化产品，如以中国传统文化为主的国潮文创产品，以动漫、影视、骑行、篮球、赛车等年轻人喜欢的流行文创产品，以民族风俗、建筑、服饰为特色的民族特色文创产品，通过城市历史、人文、地域特色等方面展现城市文化新活力的城市文旅产品，以博物馆为主题的博物馆文创产品，以科普为主题的偏向儿童的和童稚化的科普文创产品，以传达校园历史文化的录取通知书、校园纪念品等为主的校园文创产品，以企业文化和商业宣传为主的企业文创产品等。文创产品承载的形式正从创意理念向文化创意生活扩张，未来的文创产品设计领域还会不断拓宽其边界和丰富其表现形式。

1. “国潮”文创产品

国潮文创产品是有中国特色文化元素，顺应时下国潮流行风向，现代年轻人最为喜爱的一种文创产品。国潮文创产品是将传统的、深入人心的文化用一种创新的、新潮的方式表现出来，给予其新的生命力，让人感受新与旧的碰撞，绽放国潮风格的魅力。如“乐埙”香薰音响设计文化来源于中国传统乐器（详见P16）；白许之“缘”杭州西湖旅游文创纪念品设计文化来源于中国传统民间故事（详见P20）；《山海经》主题文创产品设计文化来源于《山海经》中神兽的

《山海经》主题文创产品设计

形象与寓意（详见P40）；“智茶”基于传统工艺制茶机设计文化来源于中国传统制茶工艺（详见P48）。中国传统文化源远流长，博大精深，蕴含在历史长河和人们的生活的方方面面。

2. 流行文创产品设计

流行文创产品，是以动漫、影视、骑行、篮球、赛车等年轻人喜欢的流行文化为主，设计、打造的具有独特性、故事性、时代性、时尚性的文创产品。流行文化是时代的产物，是消费者所熟知的、乐于接受的流行语言和符号。文创产品设计研究通常涉及各种设计要素的整合与应用，作为文创产品开发的一种形式，多元化设计同样需要整合各类设计要素。文创产品融入了潮流艺术的文化属性、形象属性、故事属性、时尚属性等后，会具有更加宽阔的包容性。潮流文化与文创产品的共同特征塑造了当代的文化多样性。如《冰雪奇缘》的文创衍生品就深受小朋友们的喜爱；后文案例中的羊毛毡潮玩音响设计（详见P26）结合时下流行的潮玩概念，突破现有潮玩以装饰性及美观性为主的特点，开辟了“治愈系”潮玩的新路径。

羊毛毡潮玩音响设计

3. 民族特色文创产品

民族文化是中国传统文化的一部分。中国是一个多民族融合的国家，先天的民族优势让我国民族文化繁荣，优势显著。各民族文化相互交融、影响，培育了具有典型地域特色的民族文化艺术，为中国民族文化的延展及艺术创作的繁荣提供了宝贵源泉。如服饰文化、器乐文化、建筑文化、编织文化、陶瓷文化、节庆文化、礼俗文化等，都是各民族文化艺术的瑰宝。通过将这些文化艺术元素与现代产品的结合，可创作出更具有艺术性和传播性的民族文创产品。如后文案例中的“具”然是宝藏系列文创产品设计（详见P68），就是将藏族人物IP形象元素运用于文具设计中，以此传播藏族文化，让更多人了解藏族文化灿烂、丰富多彩的艺术性。

4. 博物馆文创产品

博物馆文创产品，是以博物馆的馆藏资源为原型，吸收和转化博物馆藏品所具有的符号价值、人文价值和美学价值，创造出的具有审美价值、文化价值和实用价值的文创产品。博物馆文创产品开发的最终目的是服务社会、扩大博物馆的影响力，从而宣传和推广博物馆文化。其文创产品不仅是诠释博物馆馆藏文物历史价值的媒介，更是观众对博物馆

"具"然是宝藏系列文创产品

"你好盛京"系列文创产品

参观经历的一种纪念，也是让消费者通过文化消费，购买其文创产品和产品蕴含的文化价值，真正实现“把博物馆带回家”。随着科技的不断发展，虚拟技术、人工智能、物联网、区块链等数字化技术也被越来越多地与博物馆文创产品结合，给人们带来更多元、更直观、更便捷的交互体验。博物馆文创产品特别具有影响力的故宫博物院，曾推出“国宝色”口红、故宫APP等文创产品，一经推出就惊艳四座，受到年轻人喜爱。如今，故宫博物院的文创产品仍在继续“发酵”。

5. 城市文旅产品

为提升城市形象，很多城市采取多种方式进行城市宣传与营销，不仅提升了城市对外的吸引力，还能够对提升城市的竞争力发挥重要的作用。发展文化创意产业作为城市营销的重要手段，以此不仅可以对城市文化进行挖掘，还可塑造更加鲜明的城市形象，从而展现城市文化的魅力。提取城市历史、地域特色、旅游景区、特色建筑、生活方式、方言等城市文化象征，使城市文化被人们认识、理解和喜爱，牢牢把握时代特点、紧跟时代潮流，可设计出独具特色的城市文旅产品。如后文案例中的大连文创品牌“海有趣”（详见P124），立足于大连的海洋城市特质与百年历史文脉，设计海豹“斑斑”作为城市IP形象及其文创衍生品和“城市文创潮礼”系列产品。

海豹“斑斑”城市IP形象设计方案

6. 科普文创产品

随着人们消费意识的提高，文创产品因其本身的创意性、文化性、精选性及趣味性而受到广大消费者的追捧，科普文创产品在此期间也悄然兴起。科普文创产品是由科普资源开发的，体现科学内涵、传播科学文化、便于互动的创意产品。为文创产品注入科普元素，既能够丰富文创产品的内容和形式，也有助于拓展科普宣传的渠道，增强科普宣传的效果。一般来说，科普文创产品在被使用和消费的过程中传播了科学知识、科学方法、科学思想和科学精神，能够体现科学事件的社会影响力。如后文案例中的“OO”水科普玩具设计（详见P97），围绕城市水循环进行知识科普，通过“观、连、倒、摇”四个互动板块的游戏，用水科普玩具及小部件作为科普文创衍生品，以此进行科普推广。

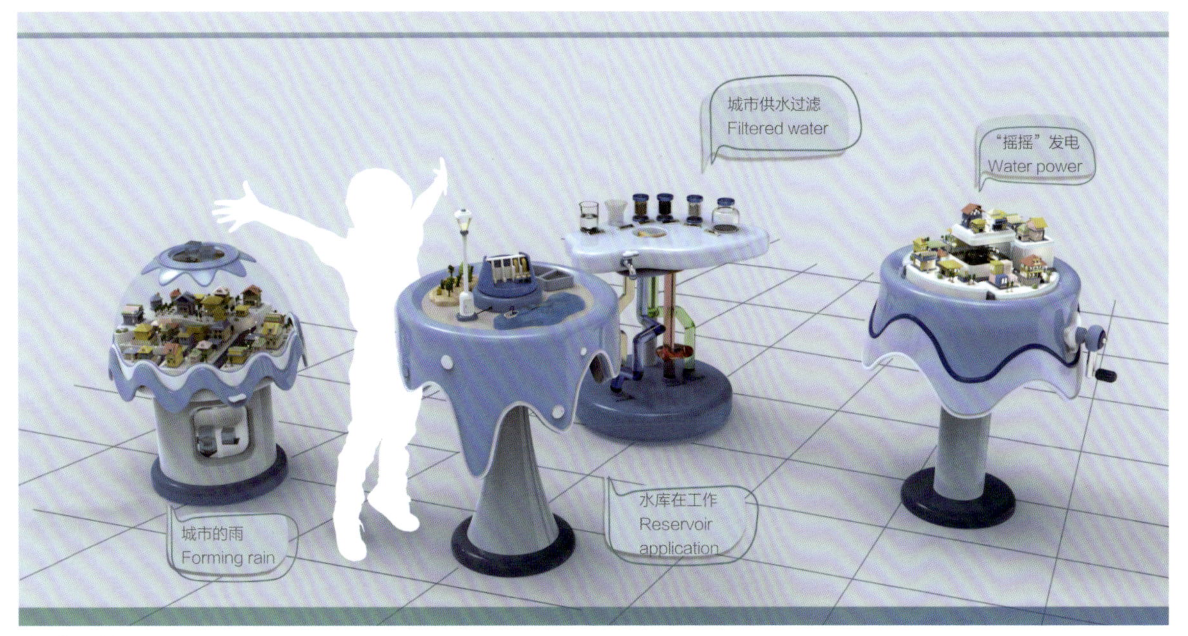

“OO”水科普玩具

7. 校园文创产品

校园文创产品的创意来源是学校特有的文化精神与校园环境。与其他文创产品略有不同，校园文创产品的主要目的是传播学校文化价值，推动学校形象塑造，提升学校影响力。通过对学校文化的挖掘、校园环境元素的提取进行创意设计，使校园文创产品能够更好地承担传播学校形象的使命。学生群体是学校主体，同时也是校园文创产品的消费主体，学生群体为学校文创产品商业化提供了有力的应援支持；同时，校园文创产品的常态化，在无形中为校园文创产品开辟更大市场，同时也丰富了我国的文化产品大环境。如后文案例中的大连交通大学校园文创产品设计（详见P134），其设计风格蕴含着学校沉淀多年的校园历史文化和建筑特色，并将设计元素简洁精练化，形成系列插画及文创衍生产品，可让普通消费者了解该校的校园文化，让在校师生和已经毕业的校友回忆起在学校中的美好的点点滴滴。

大连交通大学校园文创产品

8．企业文创产品

企业文创产品是从企业定制礼品发展而来的。传统的企业礼品一般是在购买的现成的产品包装等上印制企业Logo，用于员工福利和商务往来的馈赠。对企业而言，企业礼品的价值，是要让接受者喜欢并经常使用，并通过礼品传递出的企业信息，加深接受者对企业的印象，提升企业好感度。随着文创行业的不断发展，越来越多的企业开始重视礼品的企业文创性，通过定制化的设计，让礼品更有趣味、更有美感、更有互动性，更好地宣传企业品牌价值和文化底蕴，增强企业市场影响力。

文创产品的设计方法

文创产品的创新要素

1．文化创新中的文化情感

文化情感作为最感性、直观的要素，是文化表达与创新设计的切入点。文化是历史沉淀的产物，其载体由图案、色彩、纹理、材料和工艺等外在文化要素构成，通过视觉和维度的转换可以提升产品的魅力。设计符合消费者需求并具有形式美感的产品，通过时空转换，强化产品的故事性，给消费者更深刻的情感体验，表现产品特定的文化氛围。

随着现代社会经济活动的高度市场化和高科技浪潮的迅猛发展，人们生活方式和工作方式也随之发生了剧烈变化。消费者在购买产品时，除了满足基本使用功能需求，对产品中蕴含的情感渴求值和价值认同感正与日俱增。因此，越来越多的消费者在购买产品时会选择满足高情感需要的感性消费品，以此来满足精神的愉悦、个性的实现和感情的同频等高层次需要。文创产品中的文化情感可以满足当今时代人们消费情感诉求。

2．文化创新中的功能性

随着消费者消费心态的成熟，产品的功能性备受消费者关注。因此在文创产品的开发中，产品功能是应该被重点考虑的设计创新要素。在细节上多下功夫，使产品在传递文化的同时，突出功能与结构的创新，彰显产品的文化价值和使用价值。体验感是影响消费者满意度的重要因素，应把用户体验纳入设计目标，将其融入文创产品的每个设计开发环节，同时把文化创意所表达的内涵体现在文创产品上，开发出实用的文创产品。

3．文化创新中的文化精神与认同感

唐纳德·诺曼在《设计心理学》一书中提出，产品的情感设计分为三个层面：本能层（外观）、行为层（功能与效率）、反思层（文化、身份、价值认同等方面）。在文创产品设计中，本能层设计对应文创产品的形式美、色彩设计等外观要素；行为层设计对应文创产品的功能性、使用方式等要素；而反思层设计对文创产品而言，则对应其文化精神，是文创产品设计回归到文化认同的本源上的重要考量。文化精神是一个民族或一个时代最内在、最本质、最具生命力的文化特征。文化精神是文化产品的核心，文创产品的文化情感表达、功能性最终都将归结于文化精神与文化认同感。

文创产品设计方法与运用

文创产品设计是设计师在明确设计目标后，从历史、社会、艺术、工艺、技术等不同角度来理解文化来源，把抽象和具象的文化要素通过设计师独特的创意视角与方式融入具有实用功能的产品中，明确文化性、功能性、商业性、传播性等特征，为文化认同与传播找到物质载体。文创产品设计中的文化性应具备显著的市场号召力和文化元素认同感，同时要注意产品应与人们的生活息息相关，具备一定的功能性和实用性，让文创产品不会仅停留在纪念和闲置的状态，还具备市场商业性，这样才能实现其文化传播的使命，使文创产品商业价值实现文化传承的闭环效应。

1. 以图案及IP为主的文创产品设计

以图案及IP为主的文创产品设计。设计者通过对人们的视觉、听觉、触觉等多感官活动进行分析，设计、研究外部文化特性的感受对文创产品的作用，综合考量分析结果，进行设计。设计者通过文化图案、质感、造型、色彩、表面纹饰等的特征，认知文化内涵，并提取设计元素，将之巧妙地运用在设计中，使消费者能够获得感官上的满足感与心理上的认同感。就文化内容与表现方式而言，可将符号、抽象图案等要素与文创插图及IP形象中的形状、色彩、质感等造型要素进行结合，通过直接利用或抽象转化的形式获得设计灵感，完成插图、IP形象、品牌Logo及文创衍生品设计。例如，好事一“螺”筐——贝壳博物馆科普系列文创设计（详见P89），是通过提取6种具有代表性的海洋贝类，运用插画风格设计出6个灵动可爱的IP形象，结合贝壳博物馆科普知识延伸出一系列具有科普性、趣味性、环保性的文创IP与衍生品。

好事一“螺”筐——贝壳博物馆科普系列文创设计

2. 以功能性为主的文创产品设计

以功能性为主的文创产品设计，从两个设计要点进行考虑：一方面从产品外观、功能属性、文化背景等感官因素进行设计，另一方面通过对文创产品操作性、功能性、结构性等特征的文化移情进行设计，为人们提供在使用产品的过程中存在的特殊的文化情境，从而使其获得内心的愉悦感和惊喜感。

就造型而言，可将文化造型符号、抽象图案和形态要素等与产品的形态、色彩、质感等造型要素进行结合。就产品功能性与结构而言，可以将传统文化中的工艺、结构、功能融入其中，也可以结合现代智能化产品，使文化与现代科技相融合。例如，后文案例中的“乐埙”香薰音响设计（详见P16），就是以智能化产品的文化科技融合为设计构思，将中国传统乐器、音响、香薰结合，并通过APP与按键的双操控模式满足用户不同的操作习惯需求，让其从形、感、境等不同方面体会中国传统文化的韵味。

“乐埙”香薰音响设计

3. 以故事性为主的文创产品设计

以故事性为主的文创产品设计，指用“讲故事”的方法来表述文创产品的文化内涵与文化特征，使消费者与之产生共鸣，是文创产品设计中较为常用的设计方法之一。故事性文创产品设计既可以通过图案、插画、产品的形态和功能的共同作用再现历史经典故事；也可以地域文化、民族文化、非遗文化、城市文化为背景，讲述具有文化情怀的故事。故事性文创产品，在设计过程中需要设计者在形似与神似间进行把握，并能够将设计重点放在产品情境氛围的营造及产品与人之间“沟通、交流”的实现上。通过产品的使用体验，调动用户的情感和情绪，让其产生一种身临其境的感受。例如，白许之“缘”杭州西湖旅游文创纪念品设计，是以许仙与白素贞凄美的爱情故事为设计灵感，提取“仙丹汤圆”相识结缘故事中的“汤圆”“断桥”“西湖湖水”元素，完成“结圆”茶碗系列设计；又以“雷峰相望，隔断情深缘”中的“雷峰塔”造型元素与香薰相结合，设计出“印缘”倒流香文创产品；通过底部的镂空设计汇聚塔香烟雾，印出褐色的白许之“缘”品牌Logo，阐释“更待西湖彻底干，此间应有再生缘”的情感色彩，文创产品中的故事便以此画上了完美的句号。

白许之“缘”杭州西湖旅游文创纪念品设计

4. 以数字化为承载形式的文创产品设计

随着数字化技术的日渐成熟，虚拟技术、人工智能、物联网、区块链等技术被广泛应用在各个领域，而将数字化技术与文化产品结合，实现文化产业的转型升级逐渐成为文化产品的新的发展趋势。例如，3D打印技术可以满足人们对定制化文创产品的需求；VR（虚拟现实）技术在博物馆和科技馆内的应用，使用户身临其境；AR（增强现实）技术可以在现实空间展示虚拟景象，把真实与虚幻融合到一起；随着5G技术的问世，物联网有了更强大的技术支持，赋智于物也成了越来越多的产品发展的方向；区块链技术可以为文化产品从创造、运营、交易到消费全程提供版权保护。其中，艺术化、互动化、娱乐化和智能化是数字化时代文创产品创新设计的主要策略，数字化技术与文创设计的结合越来越多地被应用在博物馆、科技馆及各种定制化文创产品服务等领域。例如，基于辽宁省博物馆资源而打造的全新的数字化公共服务设施及多功能服务平台Online Culture，就是基于数字化技术进行的创新设计，其主要设计内容包括数字文创展示、VR体验舱、定制化服务及系列衍生品设计等。

文创产品设计的各种方法往往不是孤立存在的，在具体的设计方案中，会同时穿插应用图案、IP、造型、功能、结构、使用方法及数字化呈现方式等。随着科技进步和人们生活方式的改变，文创产品将会朝着更加多元化的方向发展，而日渐成熟的人工智能技术将会给用户带来更多的文化交互体验。

第二章 文创产品案例赏析

“乐埙”香薰音响设计

设计关键词：

中国传统乐器
外观设计
智能化产品
结构功能

“乐埙”香薰音响设计是基于中国传统乐器——“埙”的基本造型与功能，设计完成的一款具有中国传统乐器造型特征的音响，同时它还具有香薰及交互灯的功能，让使用者从形、感、境等不同方面体会中国传统文化的韵味。

在外观上，“乐埙”外壳装饰采用流动曲面形式的镂空纹理设计，同时附加沿边光带，增加了产品的古风之美。在材质上，带有传统浪花螺纹的磨砂材质更加能体现中国文化元素。在功能方面，为满足用户不同的操作习惯，“乐埙”采取按键与智能控制相结合的方式，用户既能通过传统的交互按键进行使用，也可以通过手机 APP 对产品进行远程遥控。如此，在实现智能产品简单化使用的同时，满足了年轻用户对于智能产品“万物互联”的需求。产品背部置有 USB 及 Type-C 插口，方便歌曲下载及充电。另外，“乐埙”高 25cm，底部直径为 15cm，便于在家中摆放。

荣获2020年（第13届）中国大学生计算机设计大赛二等奖

该产品已获得国家实用新型专利授权

中国古老的吹奏乐器——埙

文化来源

埙（xūn）是用陶土烧制而成的一种吹奏乐器，也是中国最古老的吹奏乐器之一，迄今已有六七千年的历史。秦汉之后，埙常被用于宫廷雅乐。诗人白居易的诗词“荣联花萼诗难和，乐助埙篪酒易醺”，所表达的把酒言欢、音乐相伴的喜悦之情，正是生活之雅乐。

创新设计思考

“乐埙”是一款香薰与音响结合的一体化智能产品。设计时，提取中国传统民间乐器埙的文化元素。在形态上，结合“六孔、火形”的塑埙特质，对产品主体进行塑造。在色彩上，通过使用玄黑、藏青两种中国传统色彩突出古典文化特征。在使用方式上，“乐埙”可以通过手机 APP 等终端操作，对香薰及音乐播放进行个性化智能控制。

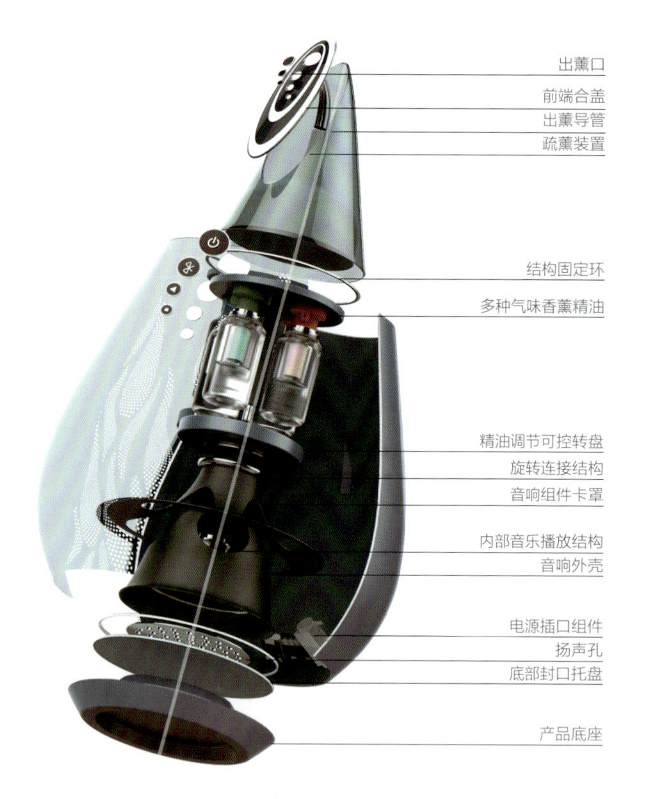

结构及功能介绍

在“乐埙”内部结构中设有精油调节转盘，通过转盘旋转方式控制四个单元槽单独出薰。香薰单元与音响单元通过镶嵌方式连接，旋转连接结构的底部卡槽使之嵌入音响顶部接口。通过垂直抽拉方式可进行内部耗材的补充和对储水槽的清理。下部音响结构与市面上蓝牙音响的基本一致。用户点播音乐后，系统识别音乐旋律并根据乐曲风格选择对应香薰精油出薰。同时，用户也可以自主调控系统模式，单独播放音乐或单独出薰。

传统波浪纹理

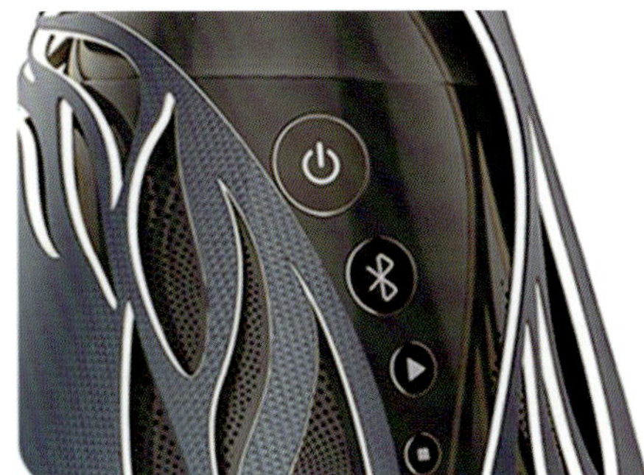

嵌入式按键设计

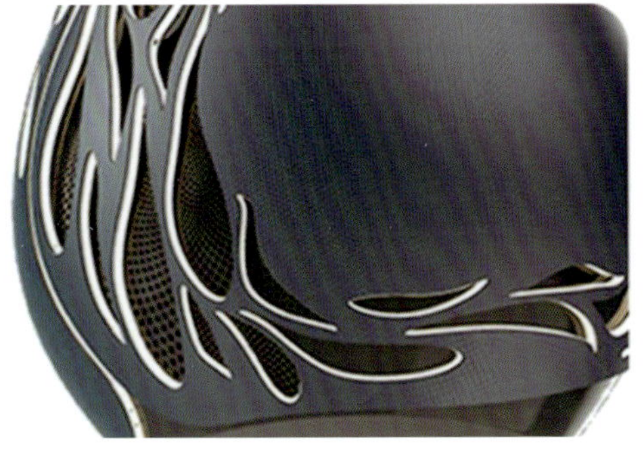

流动造型曲面延伸

底部插口细节

荣获第16届中国好创意暨全国数字艺术设计大赛辽宁赛区二等奖

白许之“缘”
杭州西湖旅游文创纪念品设计

设计关键词：

民间故事

插画设计

产品外观

包装设计

白许之“缘”系列文创纪念品以经典民间爱情故事《白蛇传》为设计灵感。以许仙与白素贞凄美的爱情故事为插画设计的主线，以“断桥不断，连住一段缘”“雷峰相望，隔断情深缘”两个故事中的元素作为造型基础，进行“结圆”茶碗，“印缘”倒流香，雷峰塔与断桥纸杯、纸碗包装设计，进而完成了一系列杭州西湖旅游文创纪念品的设计。

文化来源

坊间传说，吕洞宾为了寻找有缘人作为自己的徒弟，将一枚仙丹包进汤圆里售卖。这枚仙丹汤圆恰巧被幼年许仙买走，奈何汤圆太烫，许仙不慎将其掉落到了旁边的西湖里，被一条白蛇吞入。白蛇透过水波看见了小孩的样子，并将之印在了心里，两人由此结缘。产品形态设计元素来源于杭州西湖、三潭印月、断桥以及雷峰塔。

创新设计思考

白许之“缘”系列之一，“结圆”茶碗系列，其外形以“汤圆”的圆润感为造型基础，以此进行盖碗和茶杯的造型创新。盖碗上的小把手采用断桥的形状，方便拿取，同时增加设计细节。杯身与底托镶嵌了金线波纹，好似西湖水般的波光粼粼，使人仿佛置身于西湖美景之中；底托与杯底都加入了三潭印月的元素语义，使产品更加富含西湖文化元素。在色彩应用方面，采取西湖碧绿与白瓷的颜色色彩渐变形式，体现了水天交融，呼应欧阳修在《春日西湖寄谢法曹歌》中的那句词“西湖春色归，春水绿于染”。

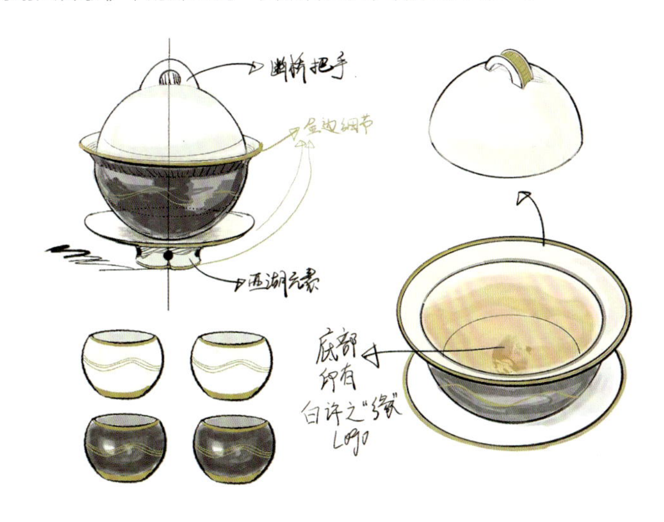

“印缘”倒流香设计稿

三潭印月

雷峰塔

断桥

白许之“缘”插画设计

雷峰塔、三潭印月、断桥设计元素应用

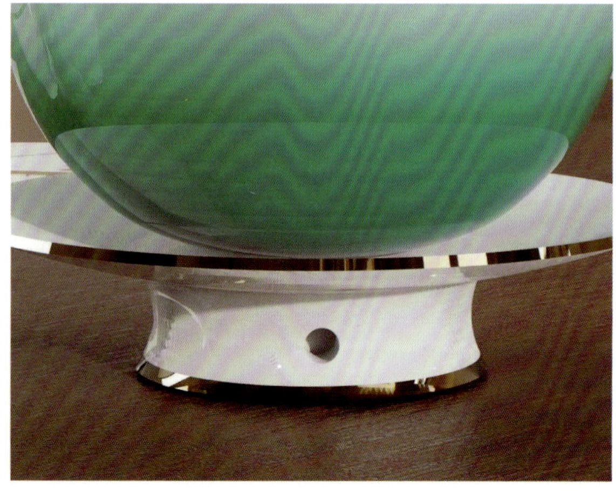

底托细节

碗内细节

“结圆”茶碗系列

“结圆”茶碗系列及其包装

白许之“缘”系列之二，“印缘”倒流香，以“雷峰相望，隔断情深缘”为设计创意点，外观以雷峰塔为原型，塔身使用透明玻璃材质，可观察白色烟雾沿雷峰塔内侧环绕，同时与之前的“结圆”茶碗系列在故事性、造型、功能等方面形成呼应。“更待西湖彻底干，此间应有再生缘”，烟雾殆尽之时，塔内沉淀的塔香烟雾会通过底部的镂空机关，形成一个褐色的白许之“缘”品牌Logo形状，可印于明信片或书签上。

白许之“缘”系列之三，是雷峰塔与断桥纸杯、纸碗及其包装。纸杯及其包装的设计利用雷峰塔的外轮廓和有立体感的前后景深的视觉效果，体现故事关键词“困境”，层层叠加的纸杯在镂空的包装盒里，隐约将雷峰塔的建筑造型显现出来。以断桥为主题的纸碗及其包装设计运用了同样的设计手法，体现系列化设计的整体性。

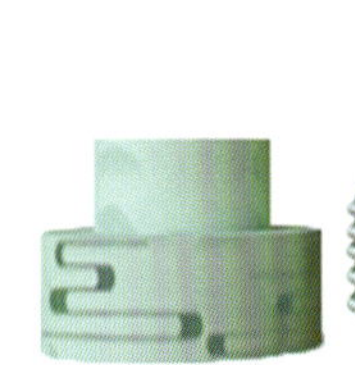

以雷峰塔、断桥为主题的纸杯与纸碗包装设计

白许之“缘”明信片设计

羊毛毡潮玩音响设计

设计关键词：
文化形象
潮玩 IP
文创衍生品

羊毛毡潮玩音响是一款为年轻女性设计的潮玩产品。其外观造型由上古神兽朏朏（有缓解忧愁的美好寓意）的形态演变而成。同时，在设计元素方面分别提炼了仙人掌、薰衣草、郁金香、蝴蝶兰四种植物元素的形态及色彩，将神兽朏朏的造型及色彩和植物的进行组合创新设计，赋予产品语义及情感化的表达。其功能设计的创新点为将羊毛毡工艺与智能音箱结合，使流行元素的功能性更加多元化，并达到“治愈系”创新效果。该系列包括四款朏朏的创意产品及系列衍生品。

文化来源

朏朏是中国古代传说中的神兽。《山海经》中记载，朏朏的样子像狸，身披鬣毛，长着一条白色的尾巴，饲养它可使人解忧。

羊毛毡是采用羊毛制作而成的，它是人类历史记载中最古老的织品形式之一，属于非编织而成的织品形式，可见，制毡技术比纺织、针织等技术更早被人类所使用。而毛兼具柔软与强韧的特性，纤维弹性佳，触感舒适，又具有良好的还原性。

创新设计思考

羊毛毡潮玩音响设计是在产品造型上依据《山海经》中朏朏的形象，结合羊毛毡制作工艺，实现潮玩与音箱相结合的文创产品设计。在兼具音箱功能性的同时，满足年轻女性的情感需求。羊毛毡表面纹理效果会使人产生柔软的触感，在具有装饰性的同时，让人身心愉悦。使用植物元素更加接近自然，使用户身心放松，增强治愈感。羊毛毡潮玩音响的设计重点在于形态、质感、色彩等方面，打破现有潮玩产品以装饰性及美观性为主的局限性，开辟“治愈系”潮玩产品设计的新路径。

四款产品的设计步骤

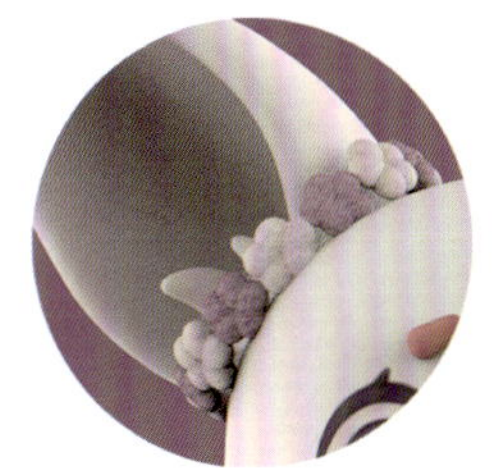

#NO.1
右侧展示
背后展示
左侧展示

#NO.2
右侧展示
背后展示
左侧展示

#NO.3
右侧展示
背后展示
左侧展示

#NO.4
右侧展示
背后展示
左侧展示

抱枕
包装袋
24 SHIQING
BRAND DESIGN

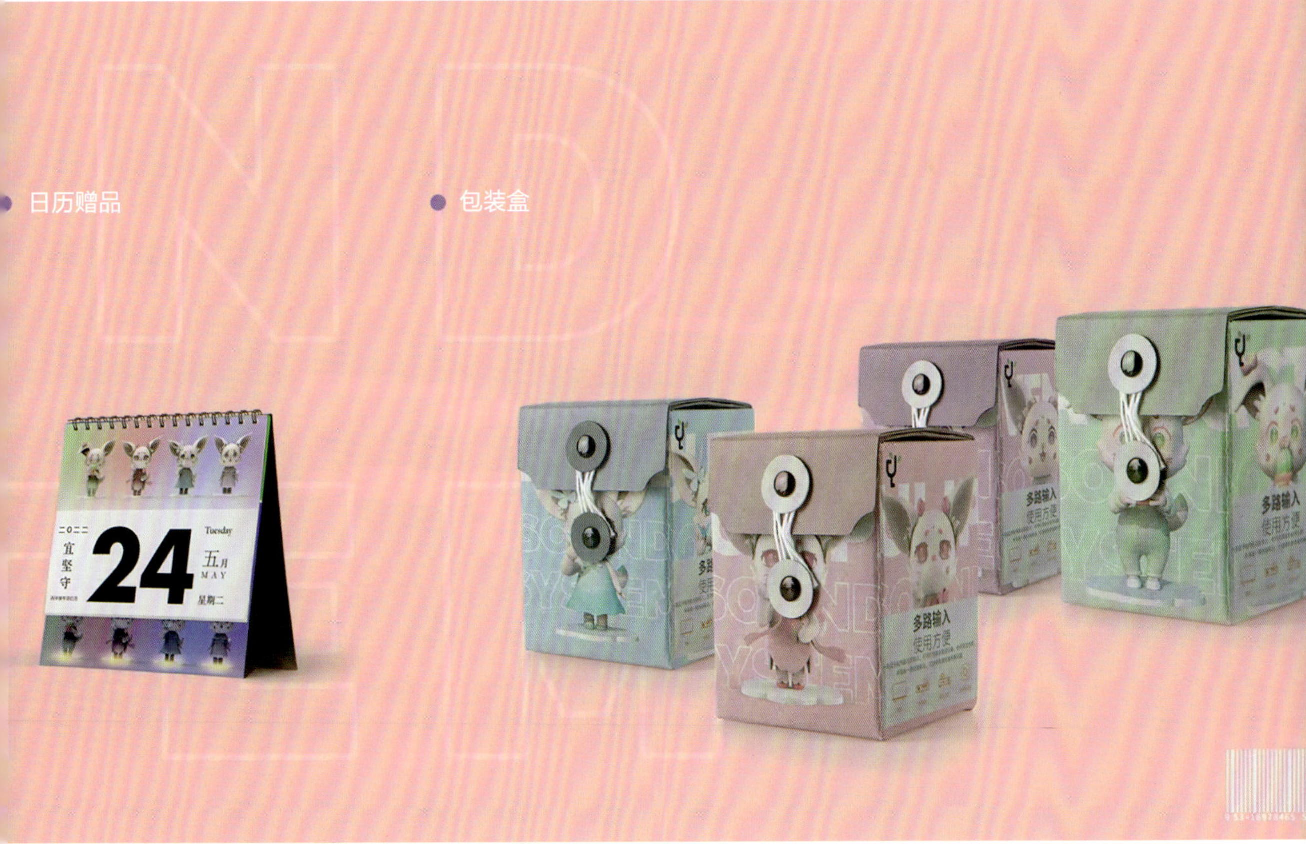
日历赠品
包装盒
二〇二二
宜
坚
守
24
Tuesday
五月
MAY
星期二
多路输入
使用方便

“惊蛰”
咖啡研磨冲泡一体机设计

设计关键词：

传统节气
外观设计
智能化产品
结构功能

“惊蛰”咖啡研磨冲泡一体机是基于对中国传统文化二十四节气中惊蛰节气的研究而完成的一款智能化创意产品设计作品。设计中，提取惊蛰节气时“春雷响，万物长”的植物生长状态进行语义表达，在拥有动势的外观造型基础上，实现研磨咖啡豆并完成咖啡冲泡的功能。该产品的使用人群定位于城市中的年轻人，让他们在快节奏的日常生活及工作中体验产品功能的同时，亦将中国优秀传统文化通过产品延展，实现在智能产品设计中“润物细无声”地传递中国传统文化。

荣获2021年“第嘉杯”辽宁省普通高等学校大学生中华优秀传统文化创新设计大赛二等奖

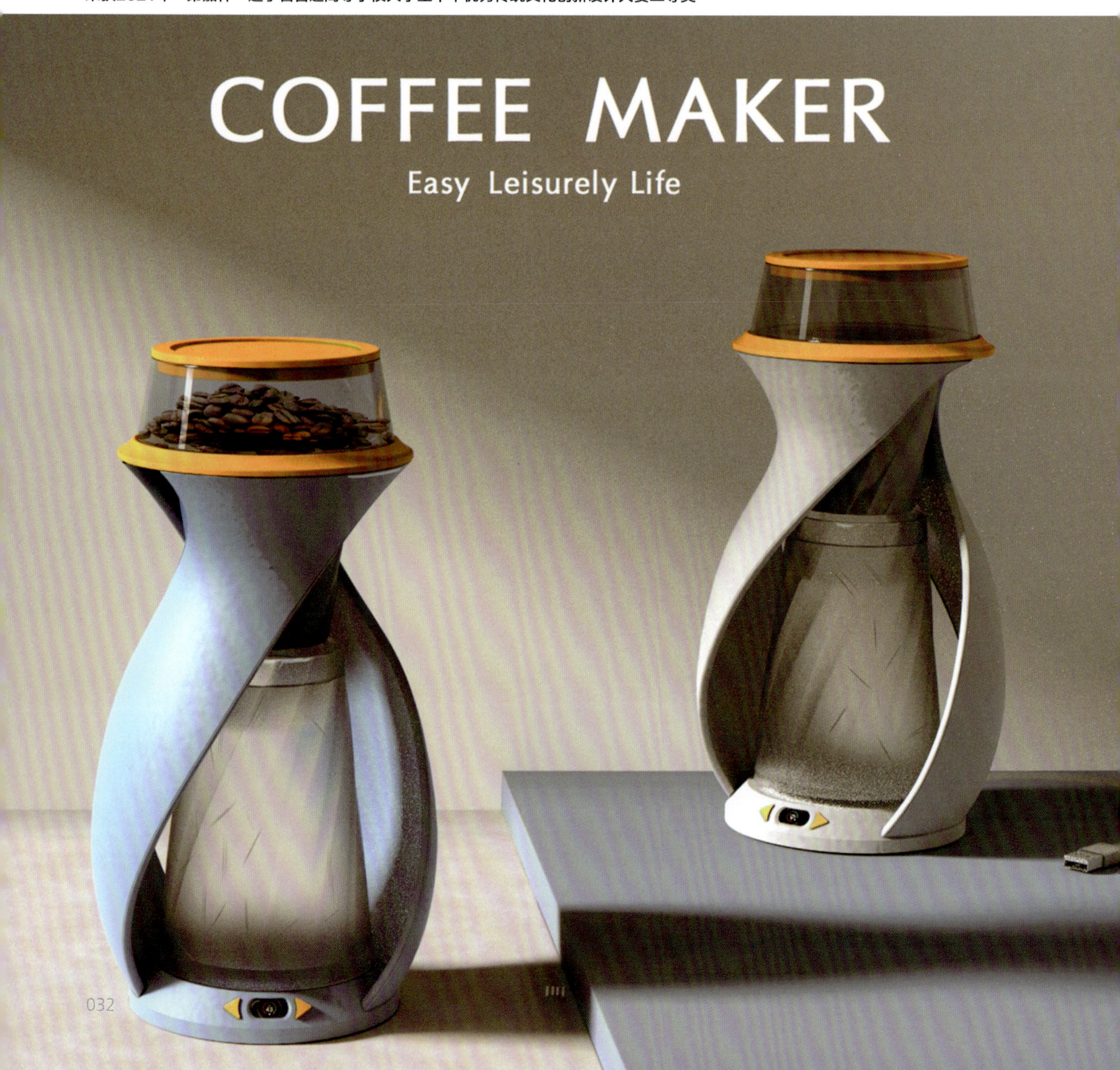

文化来源

二十四节气，是中国古代先人顺应农时，通过观察天体运行，认知一岁中时令、气候、物候等变化规律所形成的知识体系。二十四节气基本概括了一年中四季交替的准确时间及大自然中一些物候等自然现象发生的规律，它始于立春，终于大寒。“惊蛰”，又名“启蛰”，是二十四节气中的第三个节气。“惊蛰”反映的是自然生物受节气变化影响而出现萌发生长的现象。“惊蛰”咖啡研磨冲泡一体机是取其生命力与活力的寓意，将形态语义和文化内涵应用于创意产品设计中，实现造型与语义双关联的一款智能化产品。

创新设计思考

这款咖啡研磨冲泡一体机的设计定位人群为年轻人，希望通过智能化的生活产品传递贴近自然的慢生活理念。人们在工作闲暇中享受惬意生活，以便活力满满地面对生活与工作。基于此设计理念，提取中国传统文化“惊蛰”节气的 “万物复苏、生长”语义，将产品外观确定为具有螺旋上升植物生长动势的造型。在材质上，以轻塑料与玻璃的搭配为主，并在咖啡机开口处使用拉丝金属材质。在色彩搭配上，使用年轻人喜欢的马卡龙色系，并提供多种配色方案，满足不同喜好的用户。

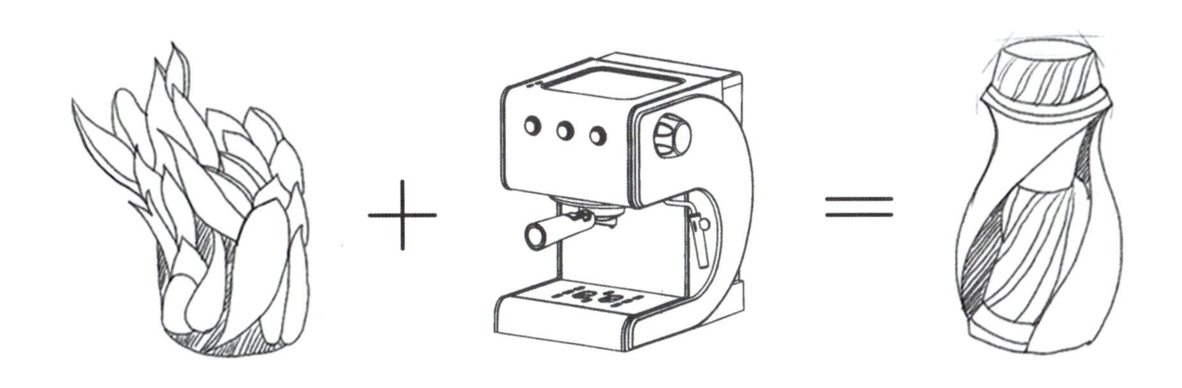

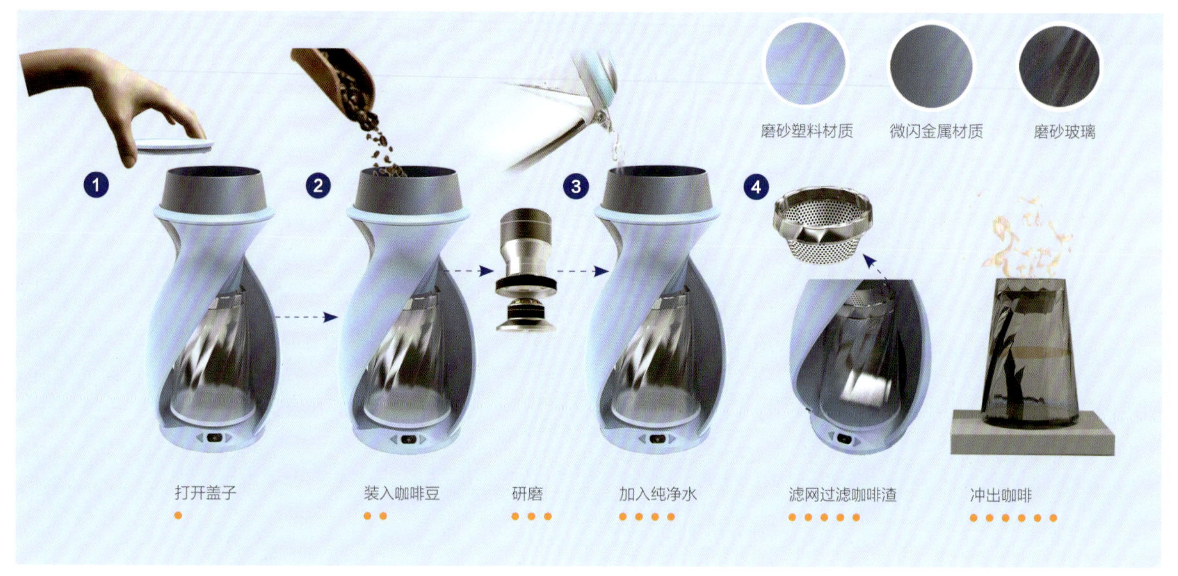

“惊蛰”咖啡冲泡研磨一体机使用流程

功能介绍

该设计将研磨与冲泡两大功能巧妙结合。使用时，开盖将咖啡豆放于顶部容器中，按动底部屏幕中开关启动机器。在研磨状态下，左右按键可调整研磨机功率、控制研磨时间及粉末细腻程度。研磨结束后，使用者可以根据需求选择是否冲泡。选择冲泡时，打开顶部盖子，倒入纯净水，选择冲泡模式（自动定时）即可冲泡一杯美味咖啡。产品具有充电功能，使用场景较为自由，小巧便携的造型使产品使用更加灵活，可以满足年轻群体的需求。另外，产品还有夜间模式，可作为氛围灯放置于桌面使用。

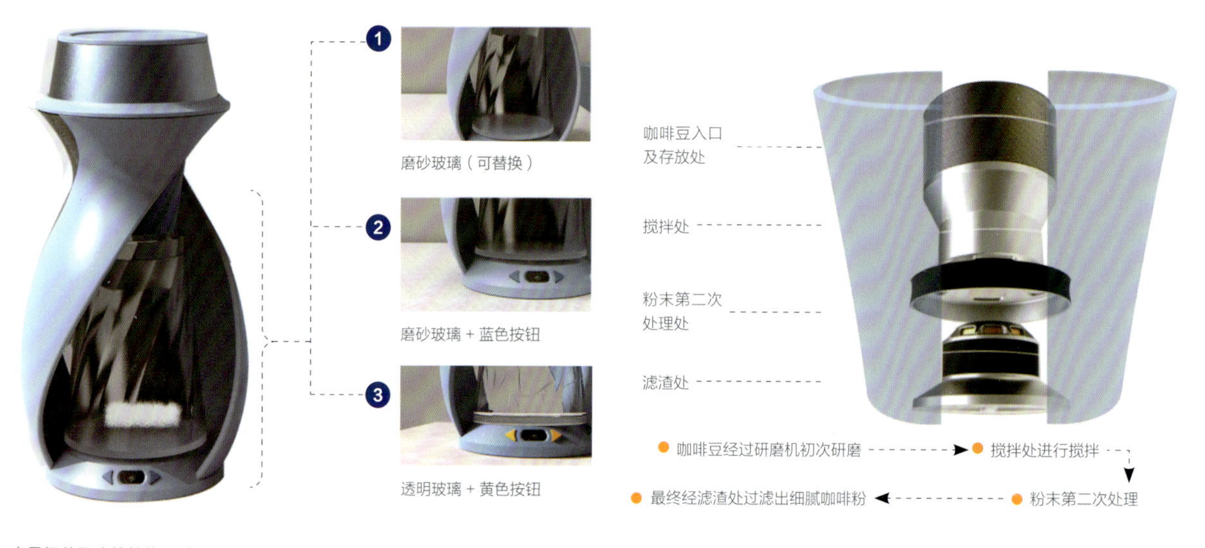

产品细节及功能结构设计

ANNA KARENINA
LEV TOLSTOY
THE ALLURE OF BEAUTY

“醇·享”饮茶机设计

设计关键词：

中国茶文化

外观设计

智能化产品

结构功能

“醇·享”饮茶机是一款面向年轻用户的智能化产品，可针对不同种类的茶叶智能化选择冲泡方式，为爱喝茶但对茶叶冲泡知识了解较少的年轻人提供便利。中国传统茶文化具有绿色、生态、健康的属性，其蕴含的文化内涵与现代设计理念不谋而合。该产品的设计在形态上将古韵茶清、香飘万家、静谧茶园与雅致山水的语义元素融入产品外观。公道杯中茶叶翻卷起伏，醇厚茶香沁人心脾，使品茶如身临禅境般清空安宁，为快节奏的生活注入片刻娴静。

荣获2022年“第嘉杯”辽宁省普通高校大学生中华优秀传统文化创新设计大赛一等奖

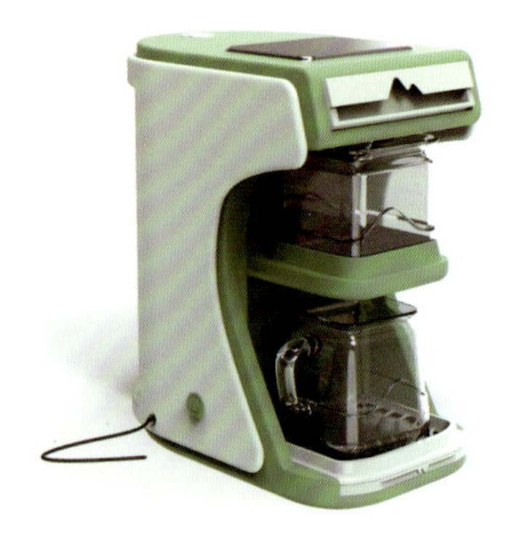

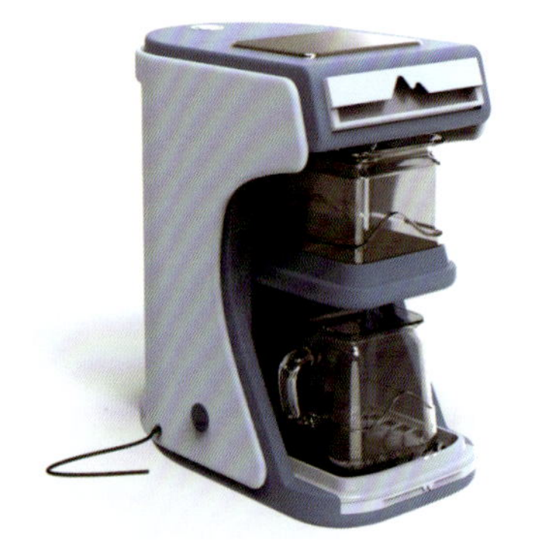

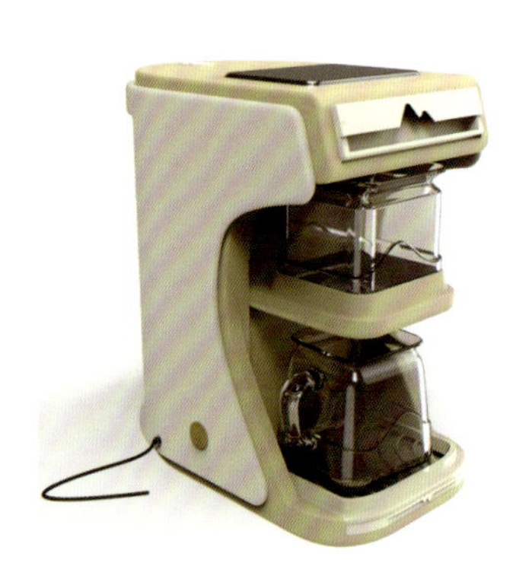

饮茶机配色方案图

文化来源

传统茶文化、自然山水和禅意是中国古典传统文化极具代表性的元素。中国是茶的故乡，拥有制茶、饮茶的文化，而品茶带有神思遐想和领略饮茶情趣之意。中国园林世界闻名，优美山水风景更是数不胜数。结合自然山水的优雅意境，饮茶小憩，不由意趣盎然。禅意，又称禅心，指清空安宁的心。唐代诗人刘长卿在《寻南溪常山道人隐居》中提到“溪花与禅意，相对亦忘言”。

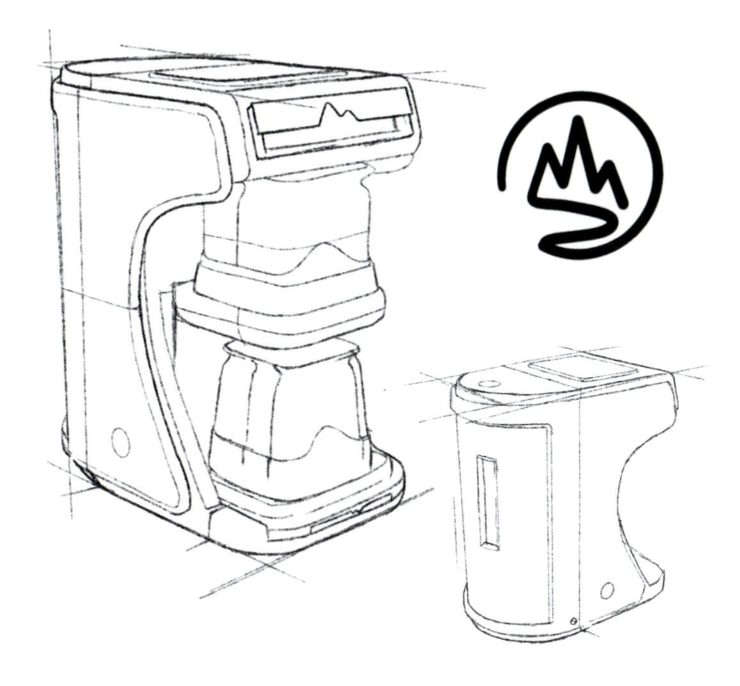

创新设计思考

“醇·享”饮茶机品牌Logo灵感来源于山水意象轮廓，以抽象的线条展示出山水结合的意境之美。在产品造型设计方面，将中国传统山水、禅意文化元素进行提取，与饮茶机外观设计进行融合——分别与存储盒、冲泡区域、漏水存储区的造型和纹理进行有机结合，实现“山中有水，而水滴落入湖中波澜涟漪”的意境，展现品茶的文雅闲逸之情。在功能方面，产品能够根据茶叶及水温进行智能化冲泡。另外，茶壶、公道杯以透明材质呈现，进而充分展现茶叶冲泡过程、茶香四溢的动态，让人感受宁静淡然的茶文化。

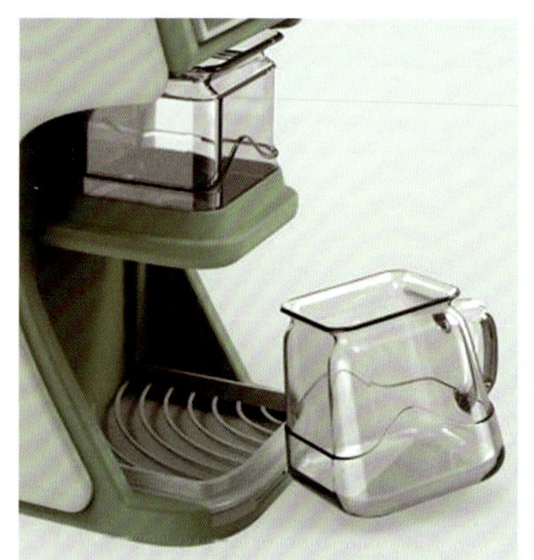
公道杯

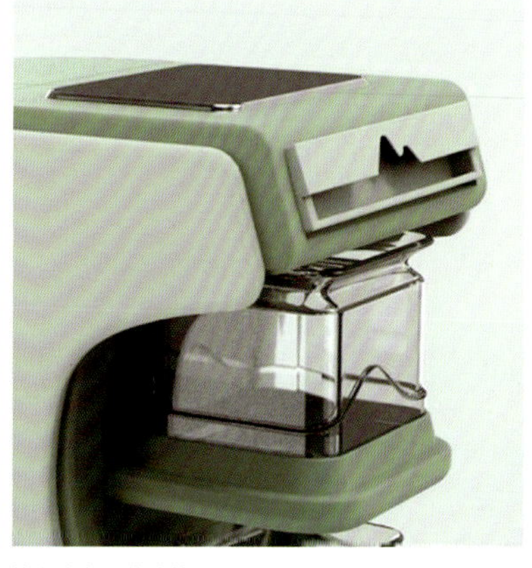
茶水冲泡及茶油放置区

顶部指示灯

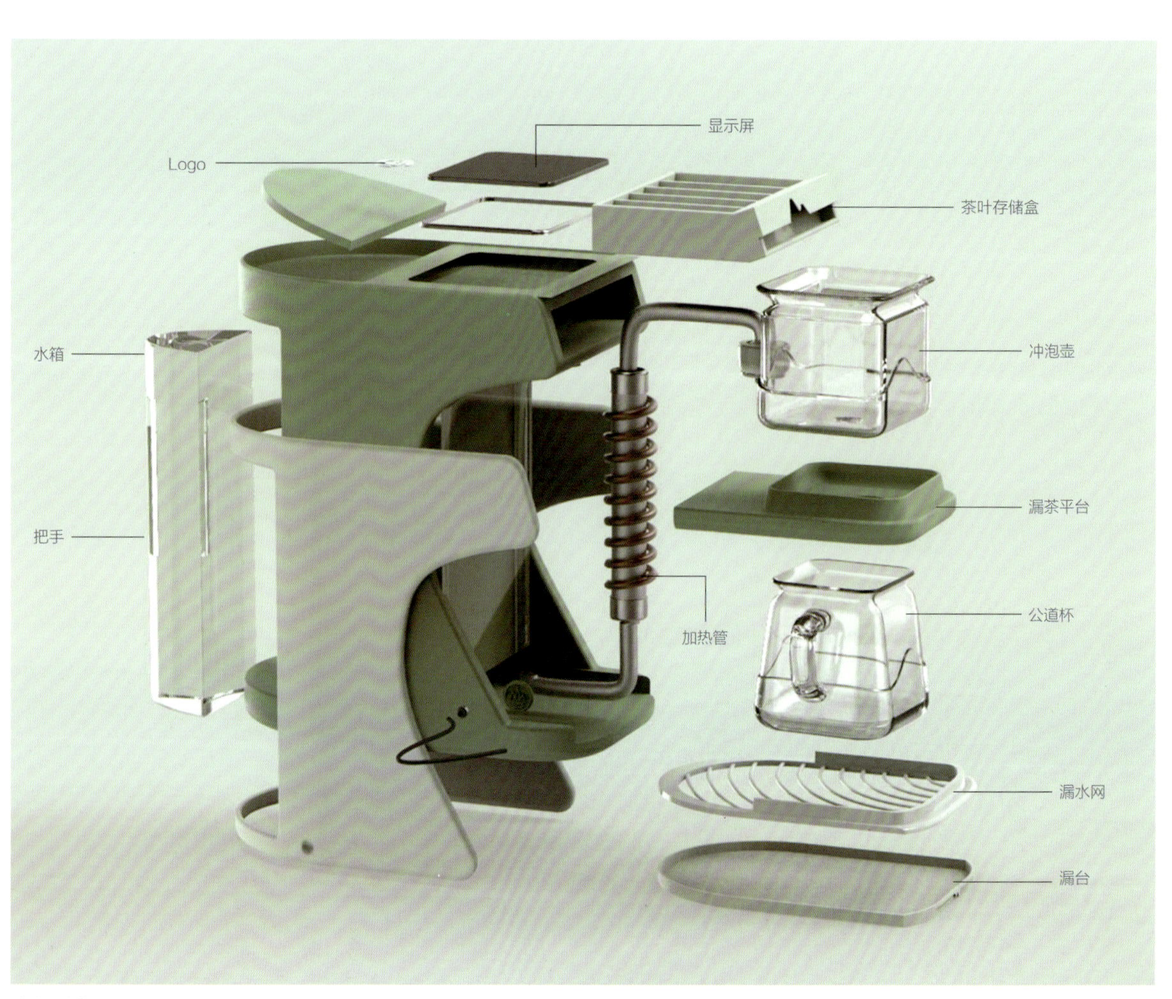

“醇 · 享”饮茶机结构分解图

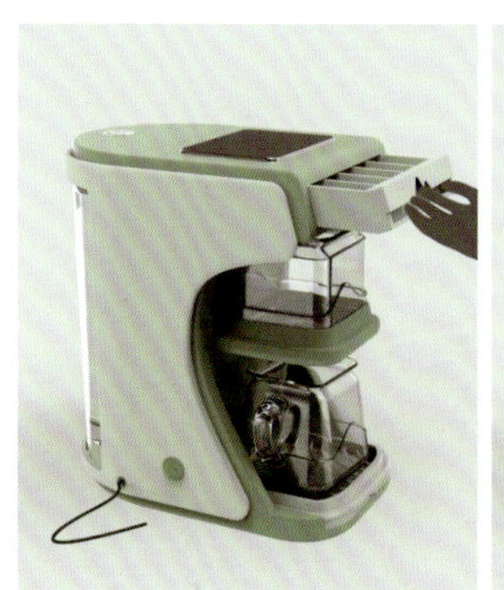
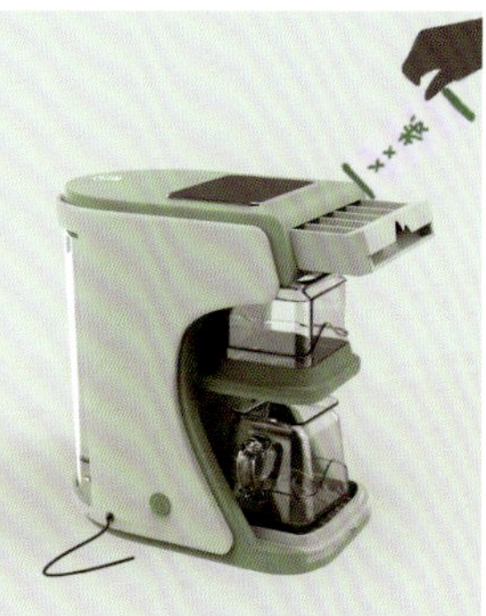
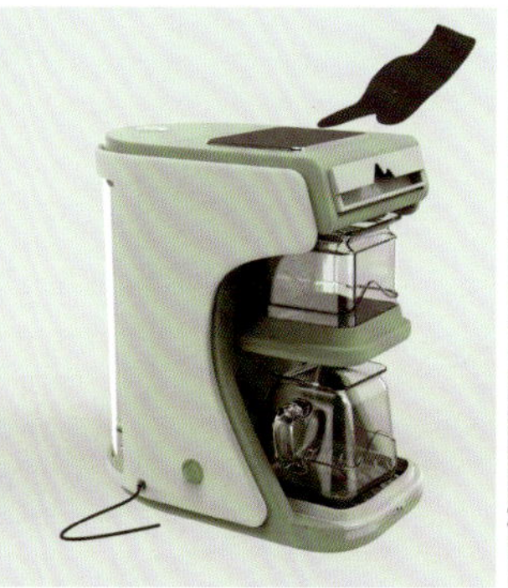
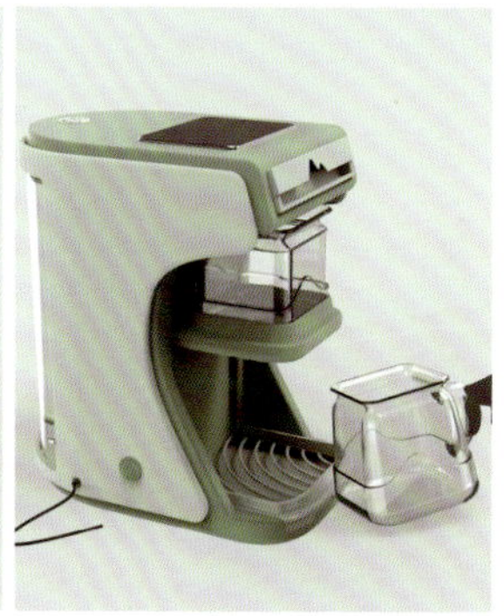

“醇·享”饮茶机使用操作流程

功能介绍

将常喝的茶叶（如红茶、绿茶、白茶）分类存放于上端茶叶存储盒中。冲泡时，将所需茶叶从存储盒中按量取出，放入冲泡壶中，在顶部操控面板（显示屏）中选择冲泡茶叶种类；饮茶机将自动分析最佳冲泡时间与适配水温，进行冲泡。只需稍候，过滤的醇香茶水将流入下方公道杯中，使用者可自行倒出饮用。

“醇·享”饮茶机使用场景展示

《山海经》主题文创产品设计

设计关键词：

中国传统古籍

文化元素

外观设计

结构功能

《山海经》主题文创产品的设计提取《山海经》中具有美好寓意的神兽形象，将神兽所代表的美好寓意与产品的实用功能结合，使产品的造型与功能均成为传播《山海经》文化的载体。该设计针对现代人精神压力大的社会问题，以解压、舒缓、放松心情的设计理念，呈现“缓解忧愁、远离忧虑”的文化核心。《山海经》主题文创产品设计通过对传统文化的研究，以产品作为文化的载体，凭借当代潮流文化及审美形式，将《山海经》中的文化元素表现出来。选用“猼訑”“鸰䴈”“鯈鱼”三个神兽形象，对其造型进行元素提取、塑造，在产品形态上突出神兽主要特征。三个神兽的寓意为无忧无虑、远离梦魇、远离恐惧，这里以香薰机、LED氛围灯、手持冥想助手三个设计方向与之契合。

文化来源

《山海经》内容涉及广泛，反映的文化现象地负海涵，包罗万象。《山海经》中山经以山为主线，详细记录了山名、山川走向、水的源头和汇流处，书中所记载的部分名字可以考察到现有真实地理位置。在动植物方面，《山海经》中记录了大量的动植物，介绍了其外形特征。尽管部分异兽形象夸张怪诞，但依旧能从中类比出现有生物。这些动植物大部分具有药用价值和寓意象征，甚至具有神奇功效，如可远离梦魇或抵御百毒等。

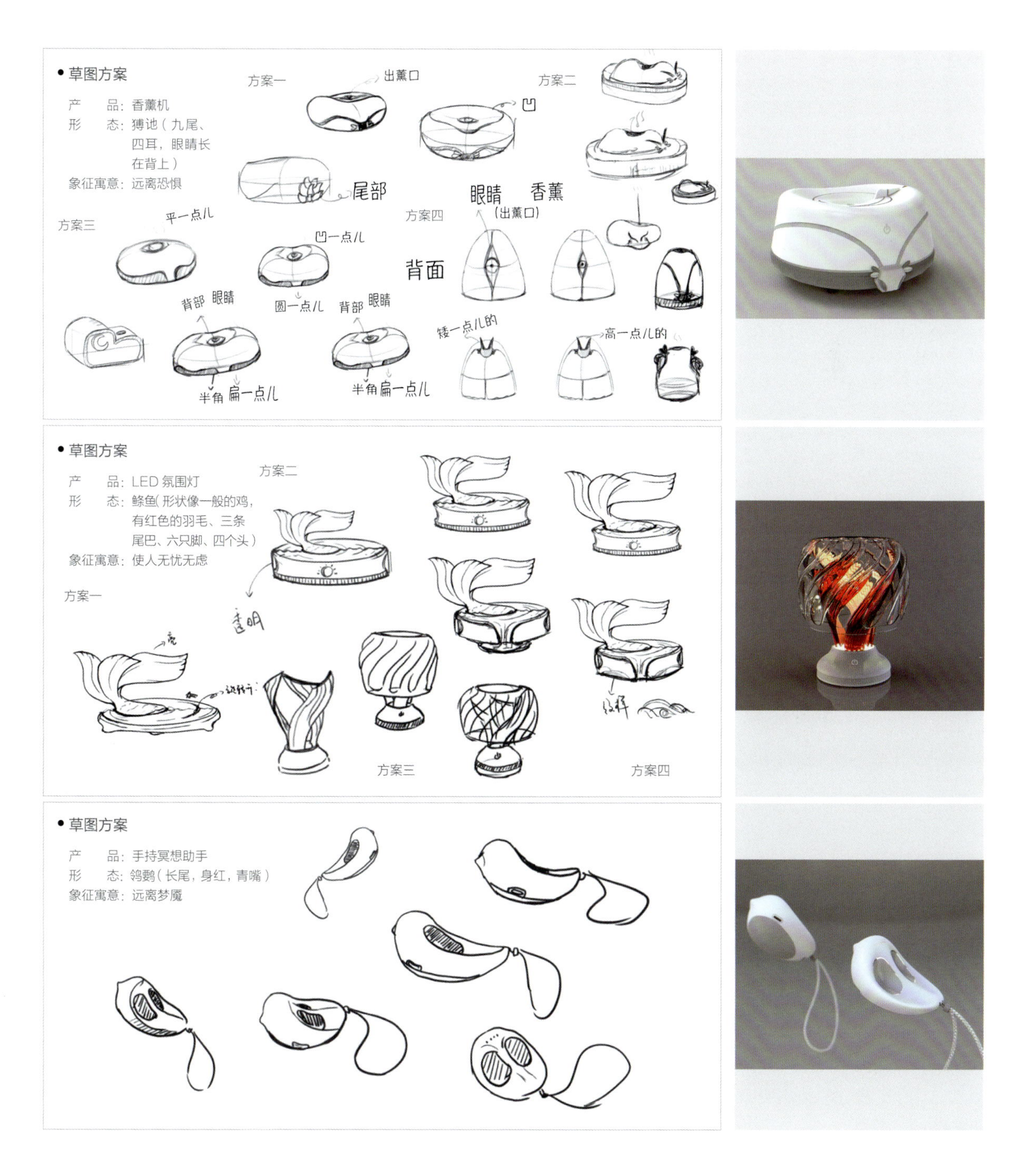

创新设计思考

香薰机的设计以神兽“猼訑”作为文化元素。“猼訑”形态像羊，有九条尾巴、四只耳朵、眼睛长在背上，象征的寓意是使人远离恐惧。在产品设计中从神兽提取的每个形态特征都具备一定的功能性。前方带有四个耳朵的头部设计，为香薰精油存储位置；尾巴处是Type-C口充电位置，采用浮雕设计，增添整体美感；上方凹陷设计表现出“猼訑”眼睛长在背上的形态特征，亦设计了出薰口，且凹陷形态可以将蒸汽进行倒流回收，防止上盖积水。

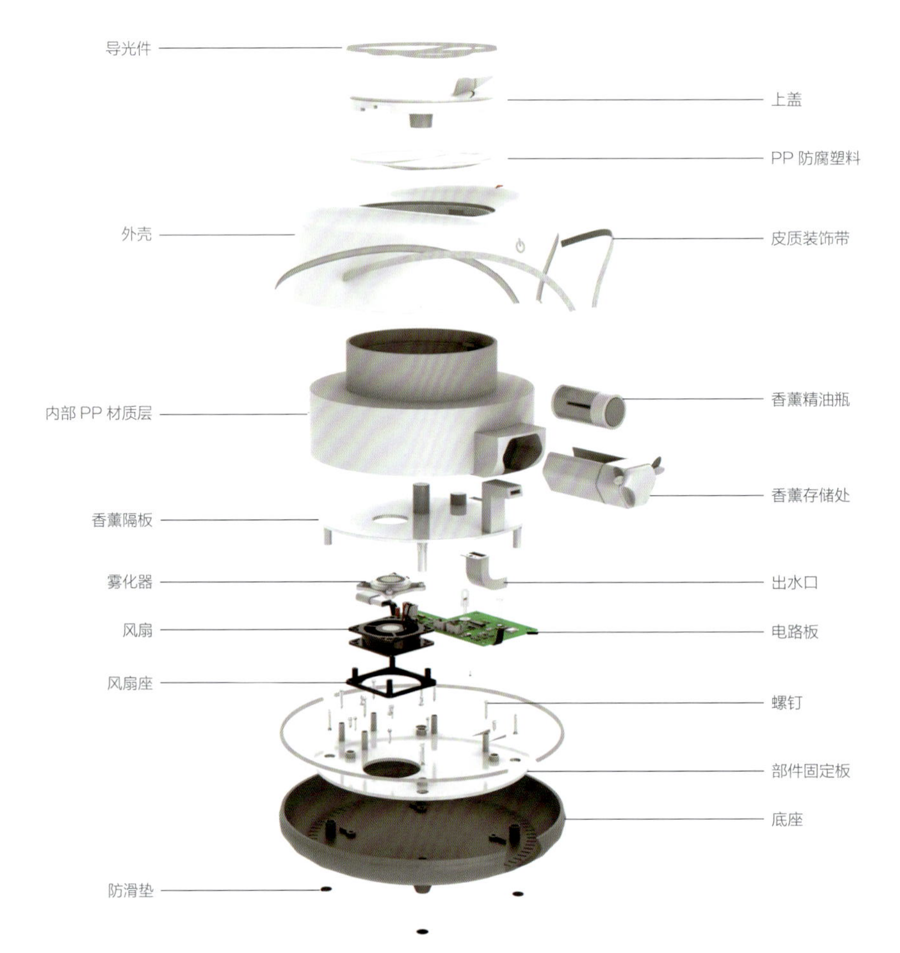

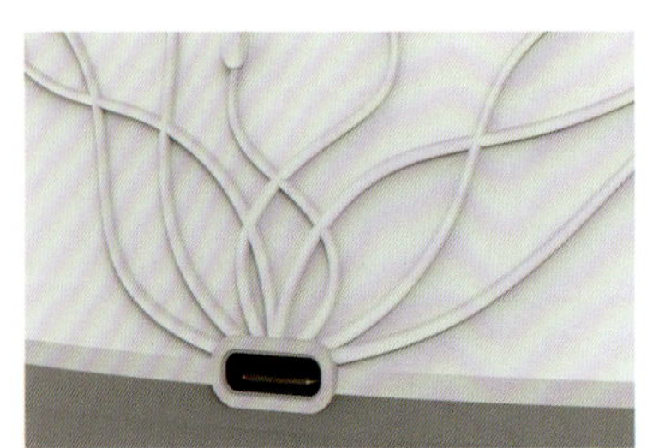

尾部浮雕设计及充电口

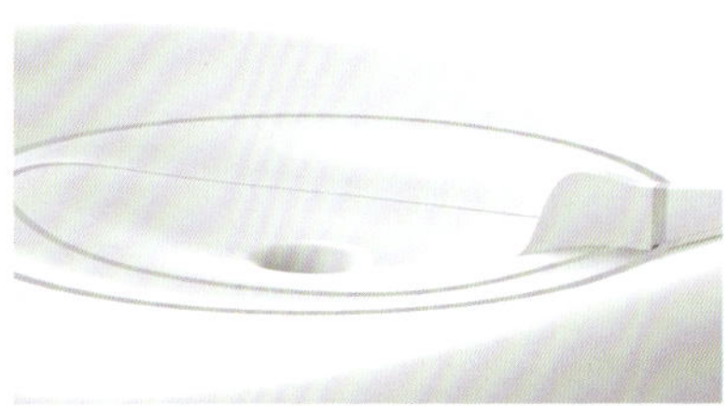
顶部弧形设计

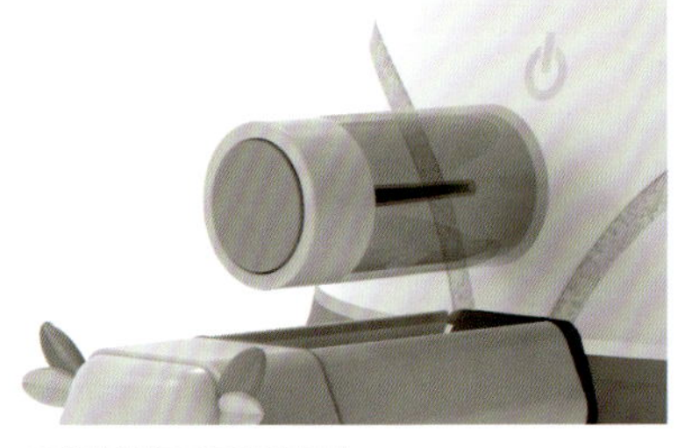
香薰精油瓶及香薰存储处

以神兽“鸰鷎”为文化元素，参考神兽背部设计手持冥想助手的手指放置处，而神兽长尾的形态以皮质编织绳的形式呈现。手指放置处的凹陷弧度符合手指的弯曲弧度，手握产品时手指放置到金属片上，通过传感器对生物信号的监测，可以帮助用户根据金属片反馈的振动频率调整呼吸，从而有助于用户缓解情绪、放松心态。在冥想时使用该设备能更好地帮助用户进入冥想的最佳状态。

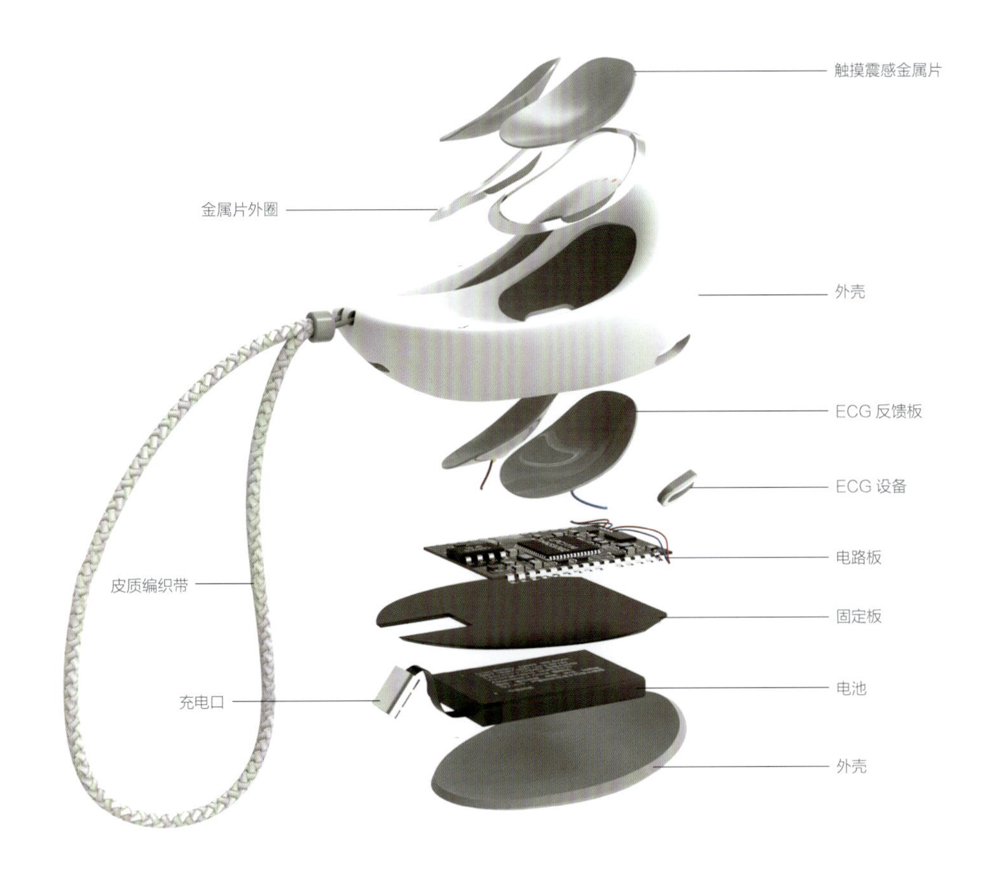

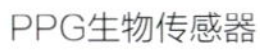

PPG生物传感器

呼吸灯视觉反馈设计

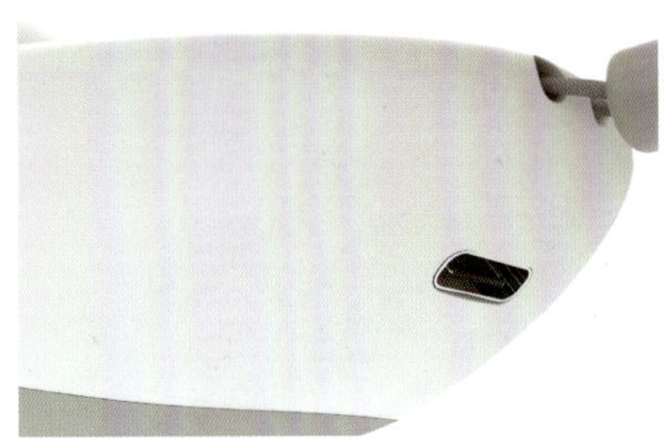

Type-C充电口

以神兽“鯈鱼”为形态参考元素，选取“鯈鱼”的“三尾”作为LED氛围灯的主要形态特征。产品可发出明度适中的黄色光，营造舒适的照明环境，使用户感到舒适、宁静，缓解焦虑。内部鱼尾装饰采取流动曲线设计，使产品最大程度展现出鱼尾的自然流动感。外部的透明灯罩同样采取曲线流动的形态设计，与内部的鱼尾形态相呼应，使整体产生协调统一的美感。

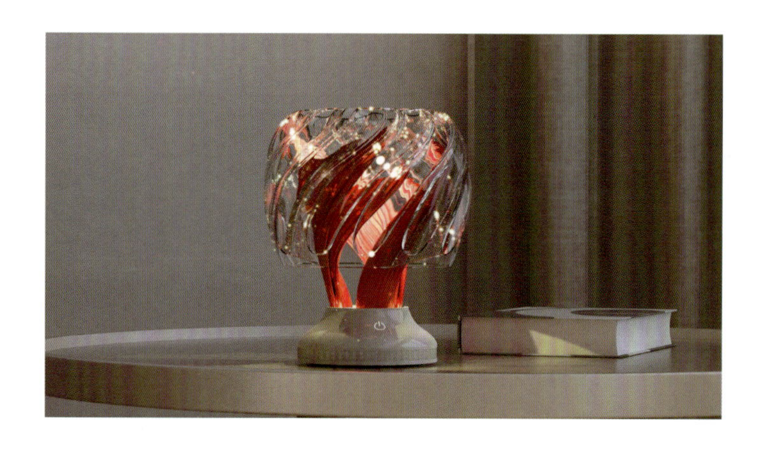

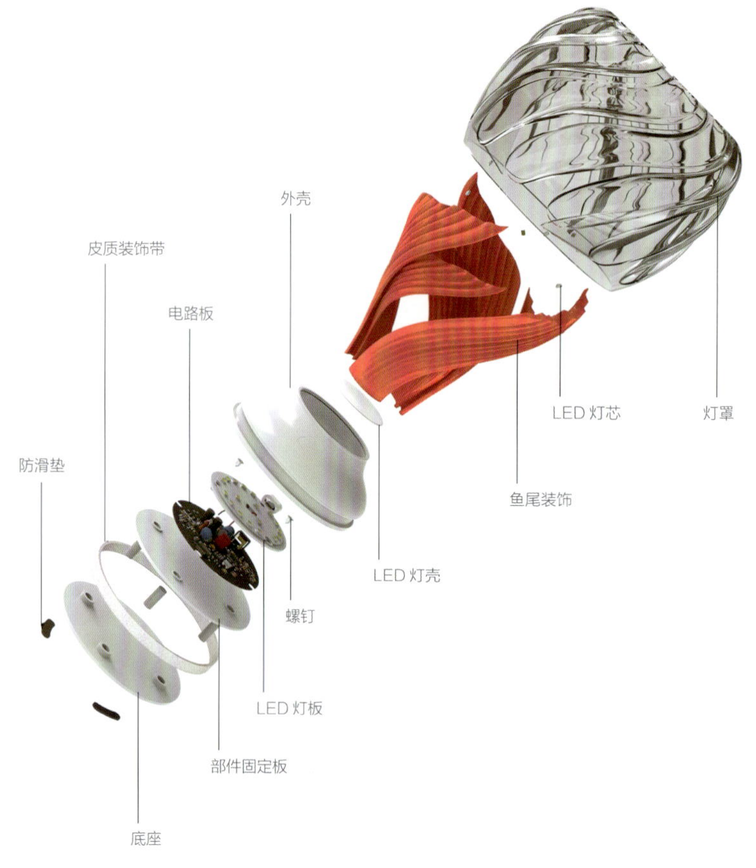

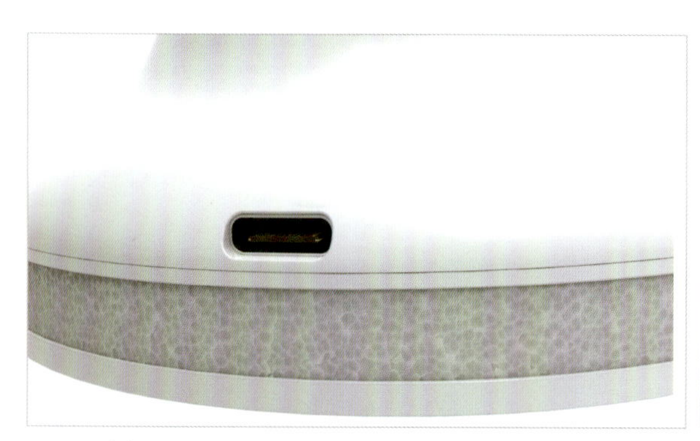

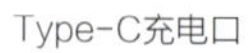
Type-C充电口

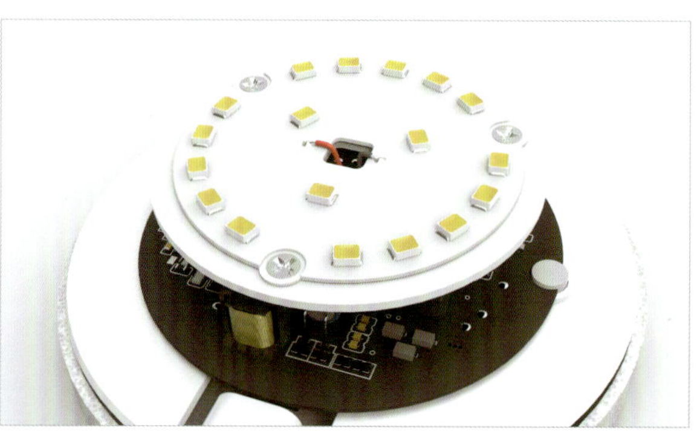
LED灯板

基于中药非遗文化——“药香”家庭医疗监护系列产品设计图

“药香”
家庭医疗监护系列产品设计

设计关键词：

中药非遗文化
智能医疗
外观设计
结构功能

“药香”家庭医疗监护系列产品设计是基于中药非遗文化的中国传统医药文化与精密机器的创意结合。其中，睡眠监护仪、助眠监测手环产品外观、配色参考中药栀子花的形态和色彩感。产品使用流程及结构参考了中药制药的炮制、配伍过程，产品功能为，实时监控身体数据，上传监测数据至眠香APP分析睡眠情况，精确、人性化给出药香配置的解决方案，帮助人们快速、安心入眠，减少对安眠药物的依赖性，还可净化周身环境，治愈长期失眠导致的紧张情绪。

文化来源

中药制香已经越来越被大众所接受。那袅袅的青烟翠雾为居家环境带来几分诗情，使奔忙的生活、紧张的心情多了一份超然和从容。药香制作技艺是国家级非物质文化遗产，药香是以草药的香味混合而成的。药香以“香方”与“配伍”相结合，加强药理作用。中医芳香疗法是一种中药气味疗法，这种疗法是通过口鼻部等使药物渗透体内来达到治疗效果。失眠有很多种类型，每种类型所对应使用的中药也各不相同。这里提取常见的中药元素——栀子花，用于中医药睡眠监护仪、助眠监测手环等医疗监护类创意产品的设计。

创新设计思考

中药制香经过数千年的文化传承，逐渐演变为诗意、禅意、灵性和健康的文化理念。该文化创意产品设计针对失眠群体，不仅为其提供生理上的治疗，也提供心理上的安慰。在产品功能上，主要通过药香缓解失眠问题，同时加入手掌低脉冲刺激，实现手脑同频，对内啡肽、褪黑素等神经递质有正面作用，使人体更加镇定、放松。

关于主要功能的创新思考分别为：①外出时通过穿戴设备连接，可实时监控身体数据，提供睡眠参考数据。摘下手环还可进行手部按压，完成低频电脉冲理疗。②眠香APP监测分析睡眠情况，并提出解决方案。③睡眠监护仪融合“药香”文化，降低药物依赖。④睡眠监护仪可拆装，易操作，便于更换药香配方。

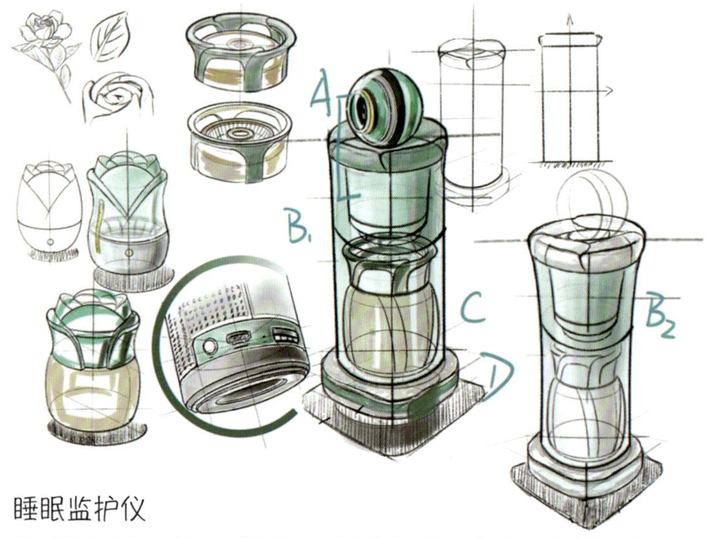

设计草图

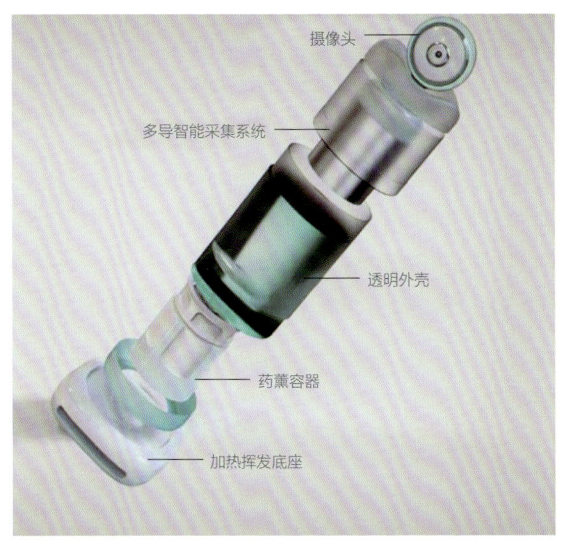

结构及功能介绍

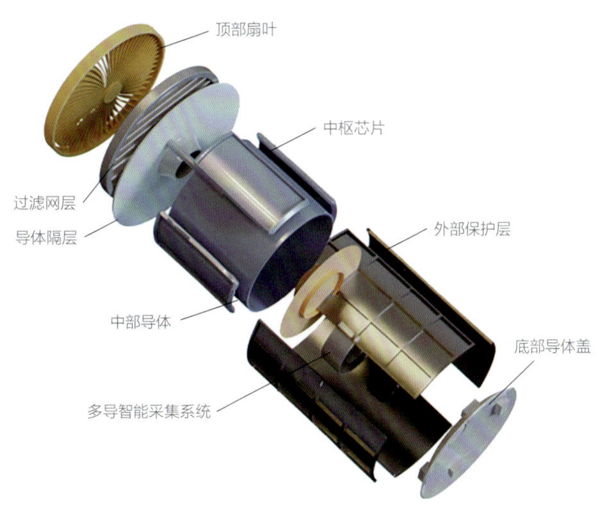

睡眠监护仪多导智能采集系统结构设计

睡眠监护仪产品结构分为五个部分：①产品摄像头与多导智能采集系统，功能为监控数据，通过APP提出的解决方案，配置对应症状的中医药香；②药熏容器，将对应症状的药香放置在容器中，使用时可旋转打开，药物自然挥发，不使用时则旋转关闭，以帮助用户快速、安心入眠；③半透明外壳部分；④加热挥发底座，圆角方形的底座设计，具有加热与排风功能，启用时能够帮助药香快速挥发；⑤助眠监测手环，可穿戴，检测身体数据，以便更全面地对失眠问题进行分析。

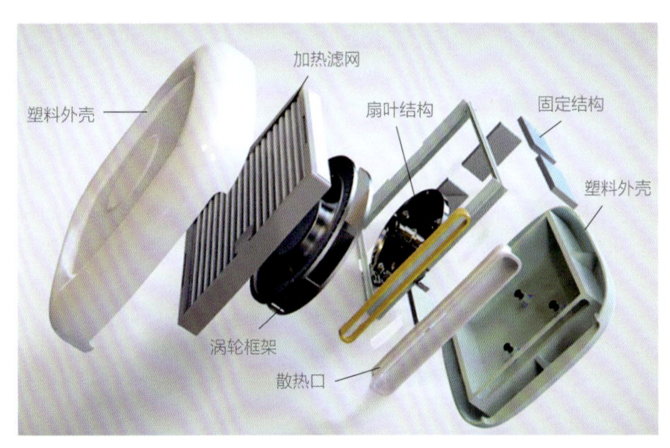

加热挥发底座结构示意图

眠香APP图标整体为栀子花造型，顶部由五个部分组成，寓意药香监护系列的五部分；中间花朵造型由摄像头演变而来，意为监测中心；下面叶子的图案意为系统中枢，为手捧的动作演变而来，寓意用心呵护睡眠健康。眠香APP根据睡眠监护仪、助眠监测手环上传的检测数据，提出药香配比方案，并推荐瑜伽、冥想等放松方式，提供助眠音乐，提醒睡眠时间等。

睡眠监测仪使用场景示意图

眠香APP图标

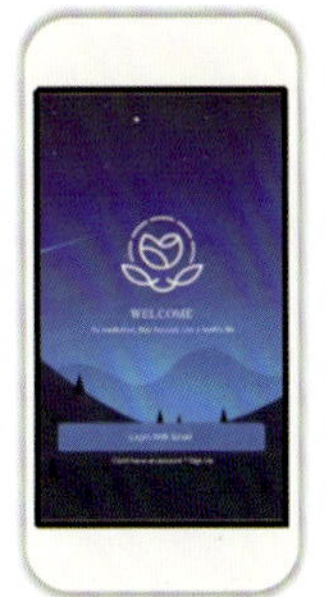

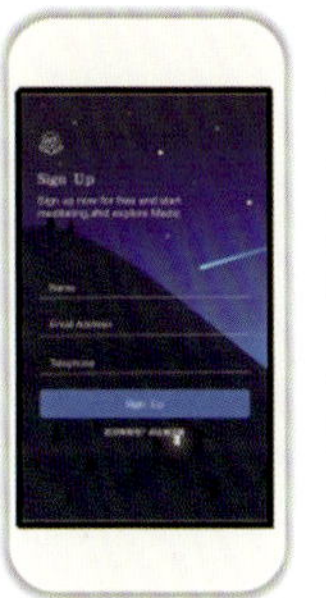

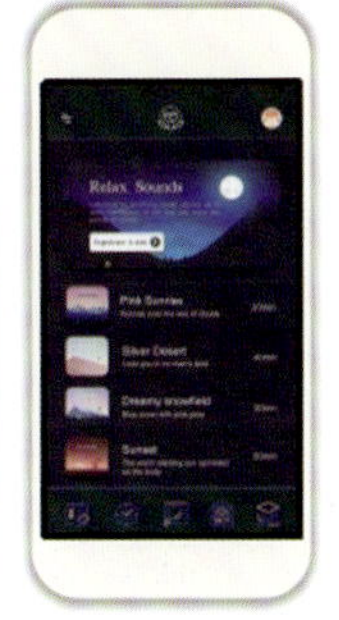

眠香APP界面展示

“智茶”
传统工艺制茶机设计

设计关键词：

传统制茶工艺

外观设计

智能化产品

结构功能

交互界面

包装设计

“智茶”是一款基于传统茶文化的交互体验杀青制茶机，旨在对传统茶园文化中的体验模式加以创新，给予使用者以良好的制茶体验。设计一改以往炒茶机笨重的机械外观，采用简洁的造型与柔和、高级的色彩搭配，实现了一体化制茶机设计。这款制茶机具备了传统制茶工艺中萎凋、杀青、揉捻、干燥的功能，并采用互联网、5G、蓝牙等技术连接用户的手机终端。在手机上可对机器进行控制，还可进行茶文化知识学习、制茶小游戏体验等，实现软硬件综合交互体验。

“智茶”传统工艺制茶机设计

文化来源

中国是茶的故乡，是茶文化的发源地，随着茶文化进一步深入人们生活，传统制茶工艺也开始逐渐受人关注。“制茶”是中国传统文化的重要组成部分，也是中国人民的劳动结晶，迄今已有几千年历史。如绿茶，其种类多种多样，有婺绿、西湖龙井、碧螺春等。在传统制茶工艺中，绿茶的主要制茶步骤有采青、萎凋、杀青、揉捻和干燥。采青是指采摘茶青的过程；萎凋是指鲜叶采摘回来后使叶质变软发出清香的过程；杀青是采用高温措施以散发叶内水分，钝化酶的活性，阻止酶促反应，从而形成绿茶的独特品质特征，保持茶叶色泽和风味的过程；揉捻是杀青过后将茶叶像揉面一样揉捻的过程；干燥是最后排出过多水分，以防止霉变、便于贮藏的过程。

创新设计思考

制茶机的设计，提取了中国传统茶文化元素。在形态上，结合灵动柔软的茶叶与方正有层次感的茶田进行形态推演。在材质上，使用了耐高温、耐磨的PPS塑料。在色彩上，通过使用绿色、黑灰色、白色、银色这几个色系进行色彩表达：绿色代表茶叶，能够突显茶叶的鲜嫩感；黑灰色倾向于茶田的土地的颜色；白色能让人联想到茶园中的蓝天白云、清新的自然环境；银色代表科技感、一体化设计。在使用方式上，“智茶”可以通过机器交互屏幕实现“硬”交互，通过手机APP终端实现“软”交互的终端智能化操控。

设计草图

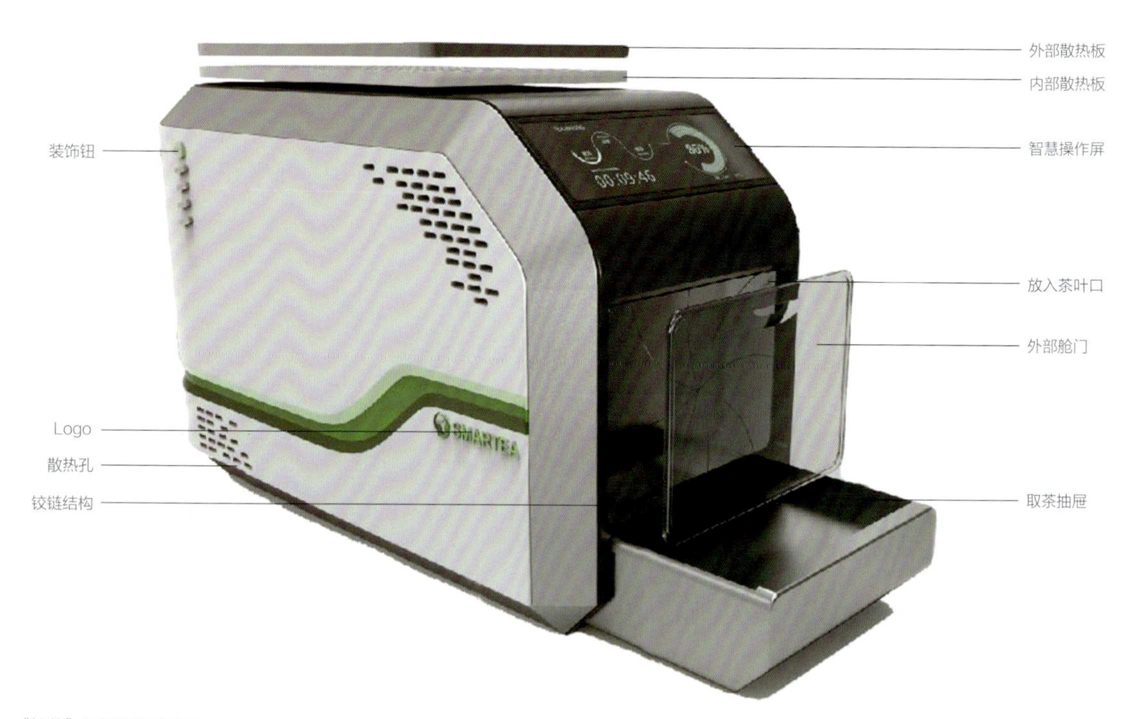

“智茶”外部结构分解图

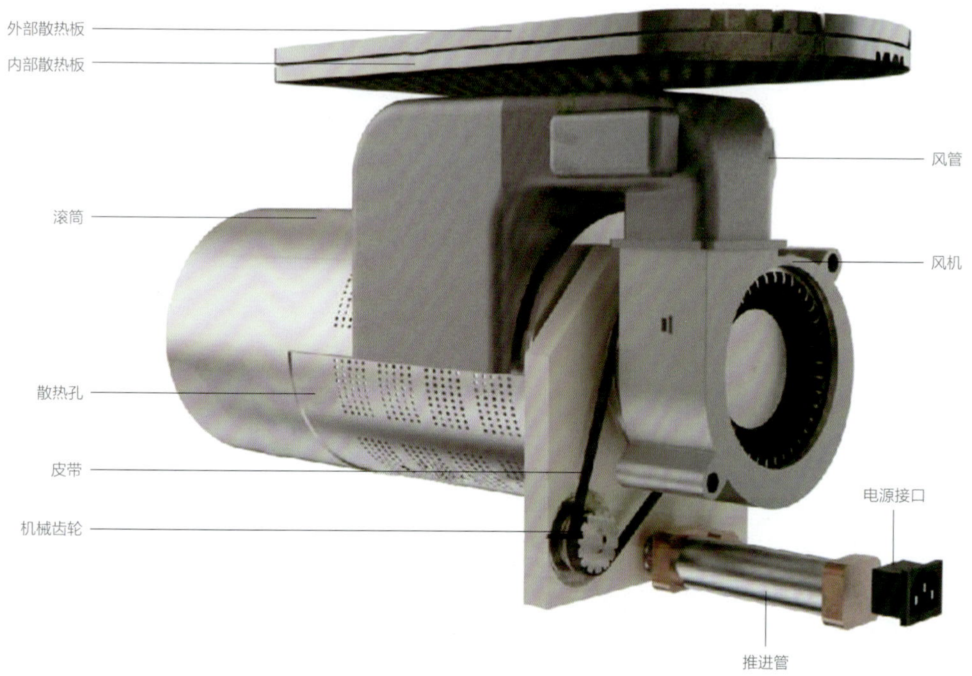

“智茶”内部结构分解图

结构及功能介绍

根据制茶工艺及产品外观完成内部结构设计，对加热、烘干、旋转方式、揉捻方式、放入方式及倾倒方式进行多个方案的设计研究。新鲜茶叶由滚筒前端进入，机器判断茶叶进入滚筒内并接收到启动命令之后，由顶部与侧面的散热孔吸入外部空气；经电热丝加热的空气被送入滚筒内，对滚筒内新鲜茶叶进行萎凋、杀青等处理；滚筒外部的电机带动皮带驱动滚筒转动（滚筒整体结构可稳定快速的运作），滚筒的快速翻滚可以让新鲜茶叶均匀脱水、干燥，完成制茶过程。

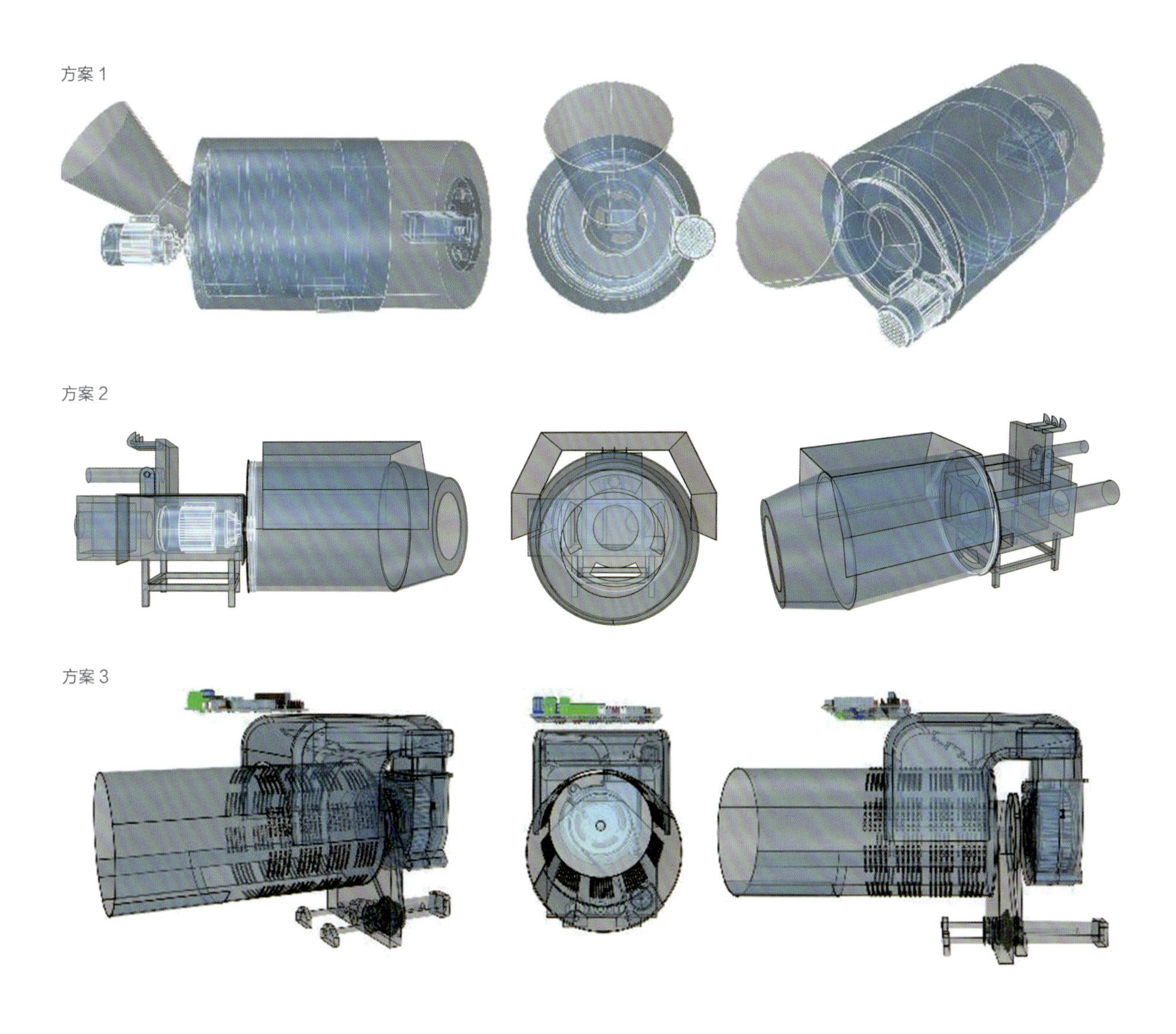

为了突显产品的智能化与科技感，结合茶园文化中的苍岭白、龙井绿、云母灰，通过一定的色彩体现出产品与茶文化的交融。

配色方案：苍岭白、龙井绿、云母灰

顶部散热孔能够很好地帮助保持机器舱内温度。产品侧面的散热孔作为辅助散热孔，在美观的基础上，能够保证机器舱内温度更加平稳。一侧有Logo与按钮形成的装饰部件，让产品细节显得更丰富。

顶部、侧面散热孔，两侧Logo细节

半透明舱门的可视性能够让人很好地观察舱内茶叶倒入情况。底部抽屉为取茶口，可自动弹出，操作便捷、容量大。通过交互屏幕可以开启机器、查看茶叶制作完成进度、剩余时间等。后部电源接口为三头接口，可以保证机器供电充足，稳定运行。

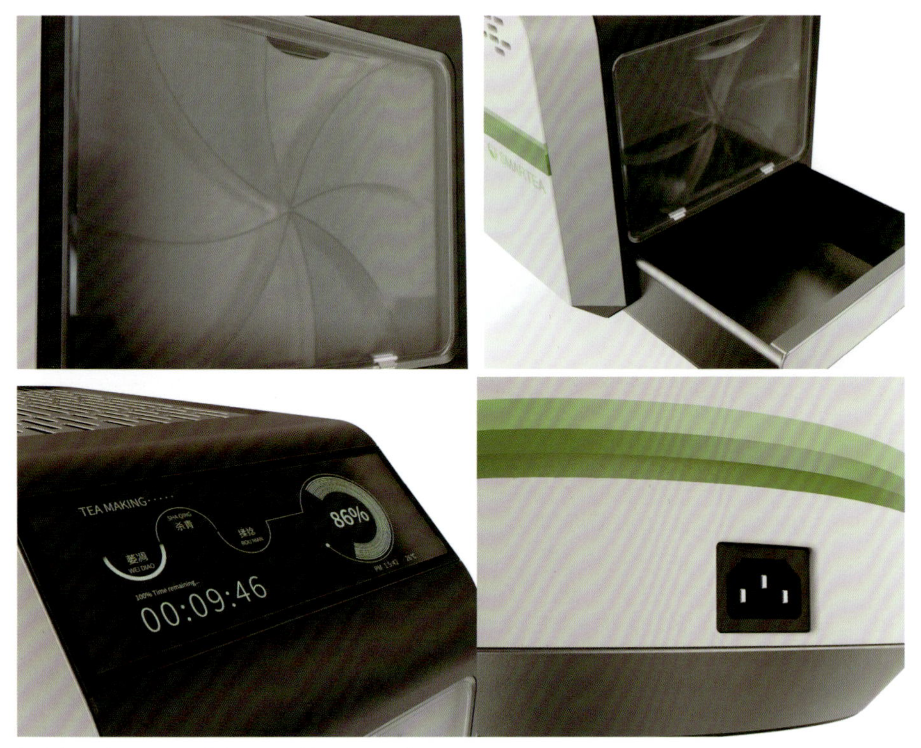

顺时针依次为：舱门、取茶抽屉、电源接口、交互屏幕

启动机器

通过手机蓝牙连接机器

打开舱门

放入茶叶

关闭舱门

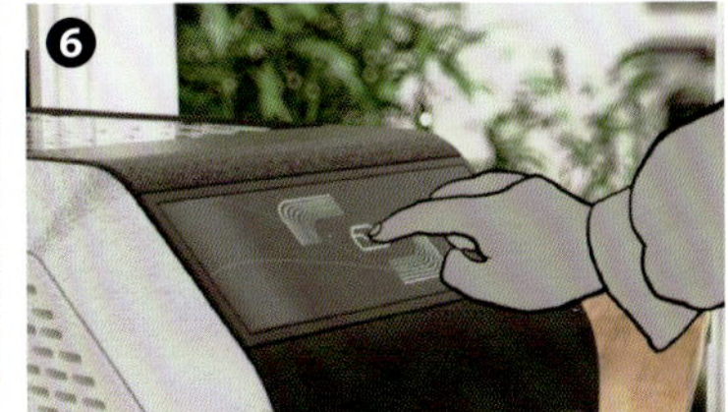

点击打开抽屉

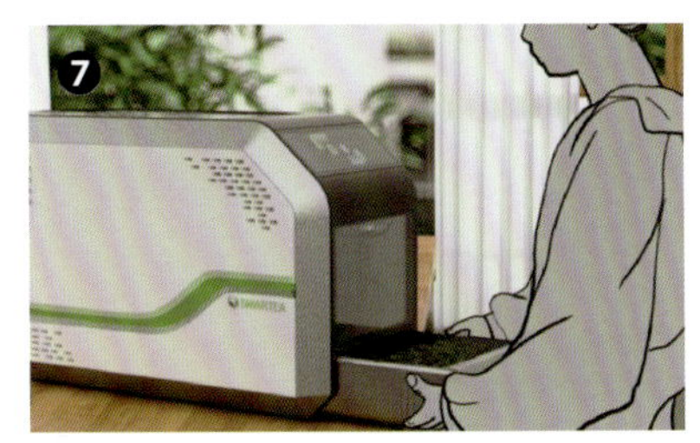

取出制作完成的茶叶

“智茶”产品的主要操作步骤为：

1. 点击屏幕中开始按钮唤醒机器。
2. 通过屏幕界面提示使用手机蓝牙在APP中连接机器。
3. 连接完毕后打开舱门放入茶叶。
4. 使用手机APP或交互屏选择茶叶种类。
5. 等待机器运行。制作完成后，底部下方抽屉弹出，取出茶叶。

登录界面

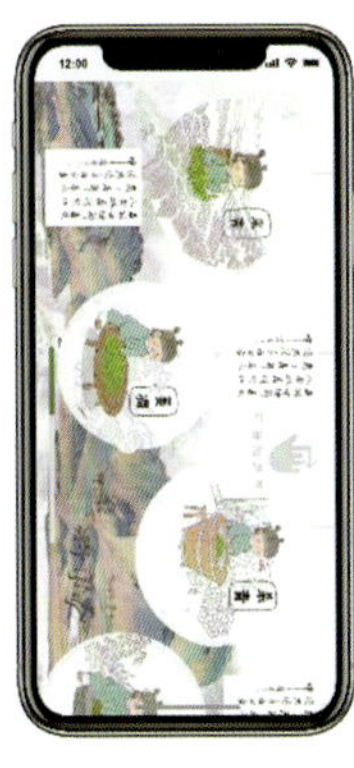

载入界面

首页选茶界面

制作倒计时界面

制茶完成界面

萎凋小游戏

杀青小游戏

揉捻小游戏

干燥小游戏

Logo设计灵感来源于制茶过程中一片茶叶色彩由浅至深的变化过程，同时表达出周期循环之意。产品名称是由“SMART”（智能）与“TEA”（茶）组成的一个全新单词“SMARTEA”，意为“智茶”，体现出机器智能化、现代化的特点。

Logo展示

机器交互屏幕根据机器本身特点进行设计，分为：开启、连接蓝牙、查看进度、打开抽屉四个界面。

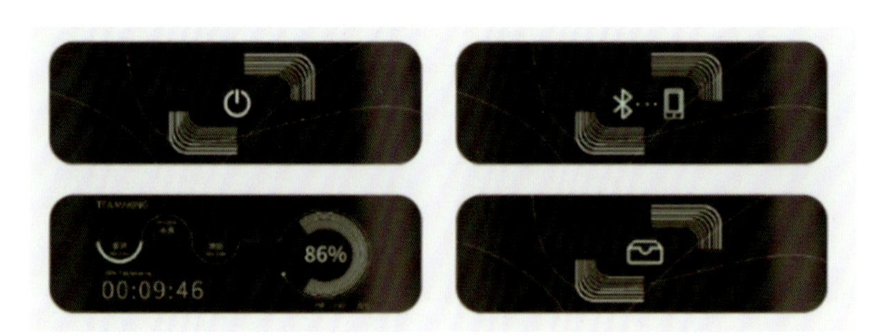

机器交互界面展示

包装展示

“智茶”使用场景示意图

一片冰“芯”在玉壶
——冬奥会主题口罩及消毒盒系列产品设计

设计关键词：
传统文化
北京冬奥
外观设计
智能化产品
结构功能
APP 交互

荣获2021年（第14届）中国大学生计算机设计大赛二等奖

“一片冰‘芯’在玉壶”是基于对中国传统文化的分析，结合北京冬奥主题设计的一款智能口罩与消毒盒配合使用的系列产品。设计以解决冬奥期间疫情防控问题做设计思考。智能口罩内置可更换滤芯及中药香片，保持清洁的同时能够有效预防呼吸道疾病的传播；消毒盒设置紫外线消毒及存储滤芯装置，实现消毒与绿色、可循环。

文化来源

在文化寓意及名称上，“一片冰‘芯’在玉壶”取自王昌龄的《芙蓉楼送辛渐》“一片冰心在玉壶”，其中“芯”同音不同字，以诗句中高洁、清廉、晶莹纯洁之心的含义融于纯净冰雪运动。同时，产品名称点明了设计功能——“芯”，“芯”对应着消毒盒对口罩滤芯的消毒、清洁功能，中药“滤芯”可定期更换。消毒盒的造型灵感来源于冬奥场馆（冰丝带、玉如意）、冰雪运动（冰壶、速滑、滑雪）等，产品表面光滑，取动静之美，外涵玉润，与其洁净的寓意相得益彰。在产品材质上，以冰雪的纯洁为灵感，传达口罩消毒干净、透彻的感觉。

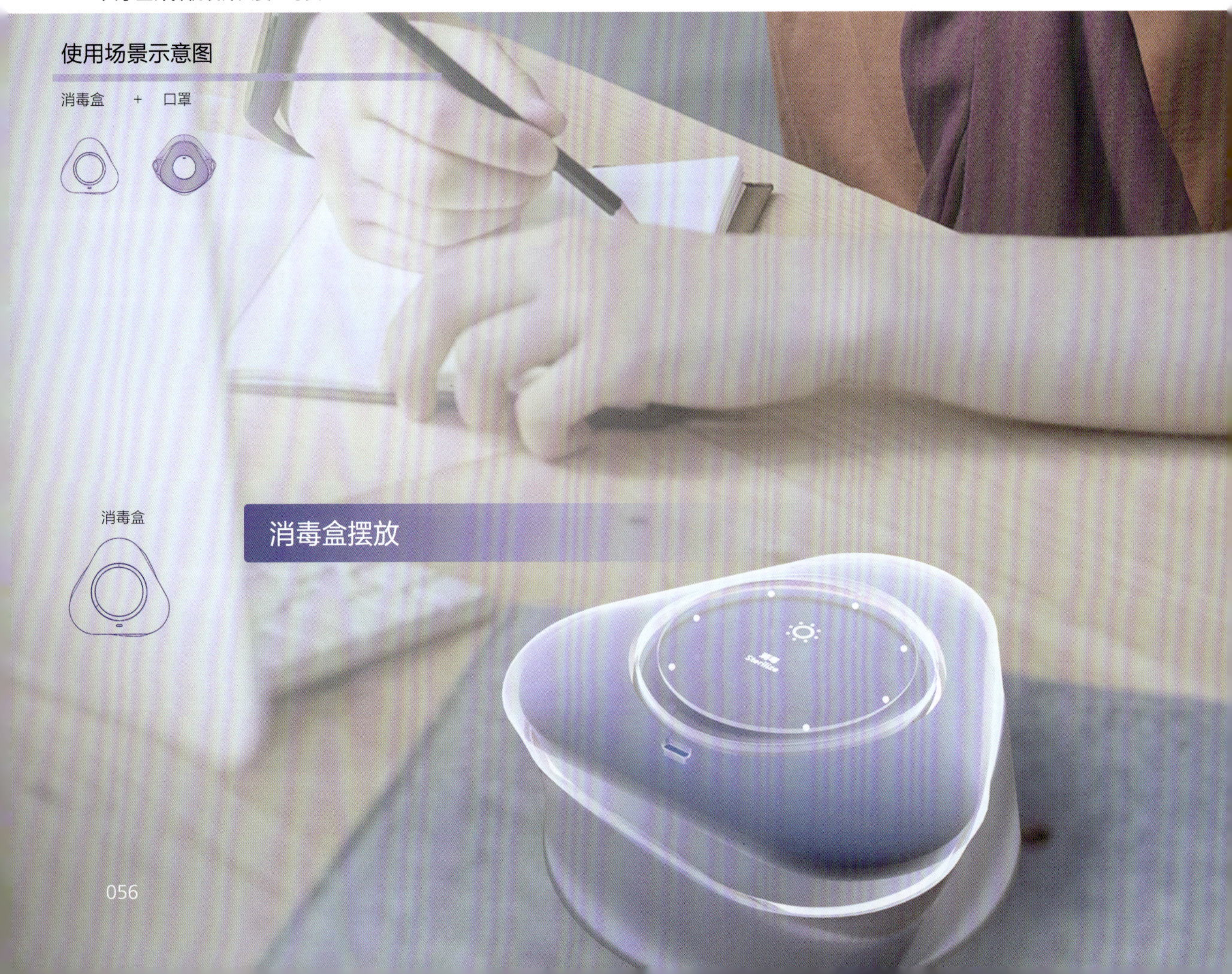

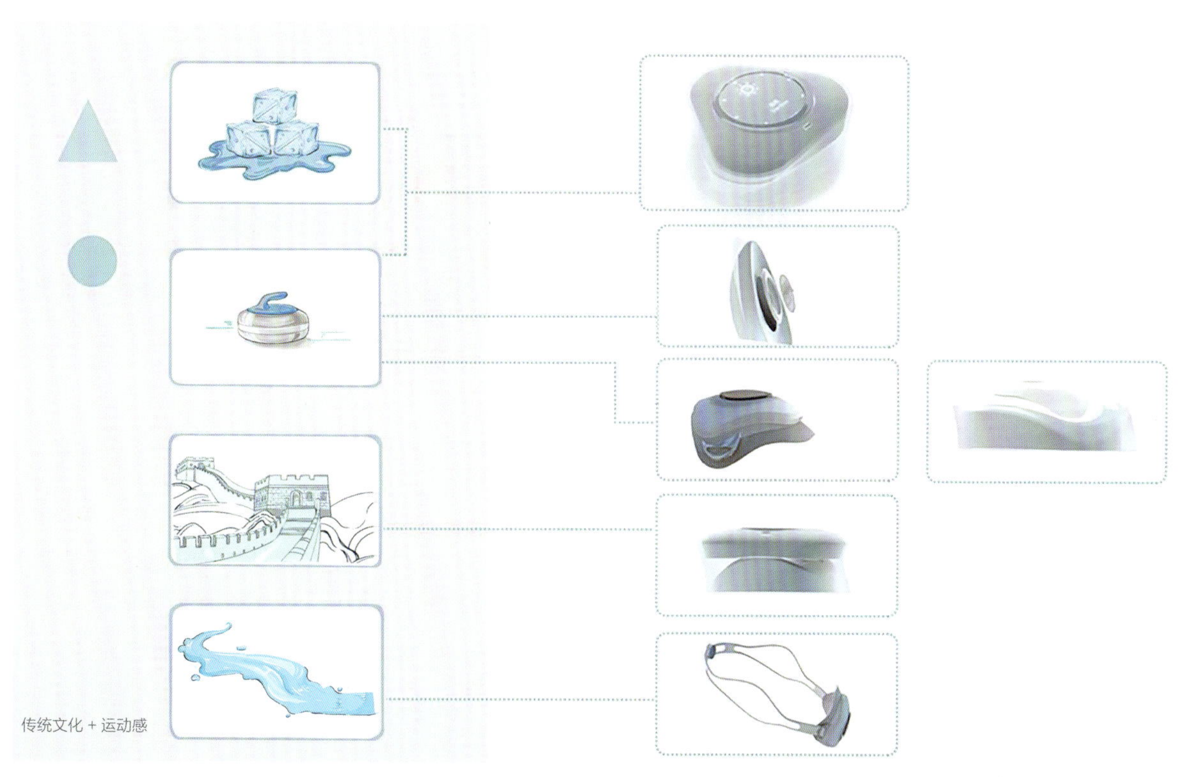

文化来源

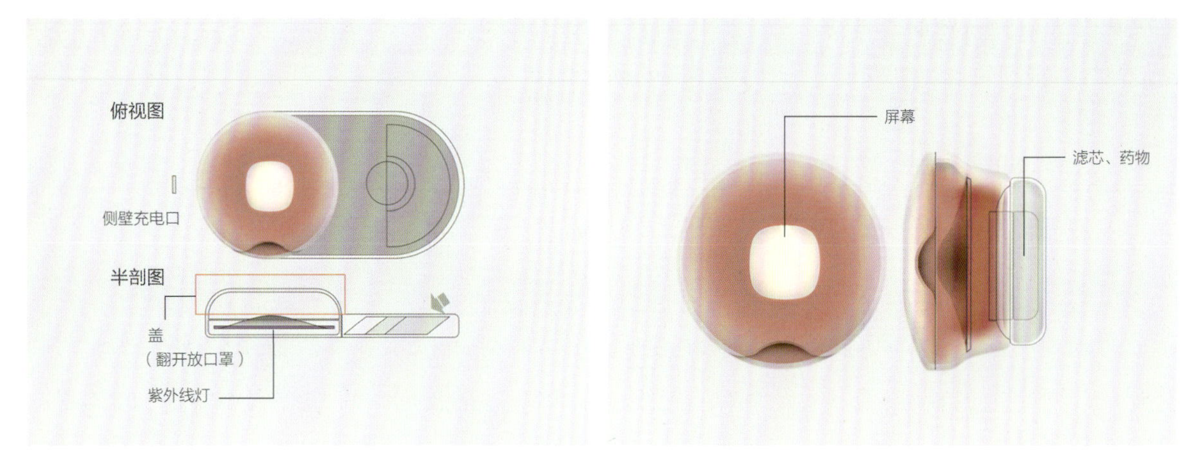

消毒盒前期方案设计图

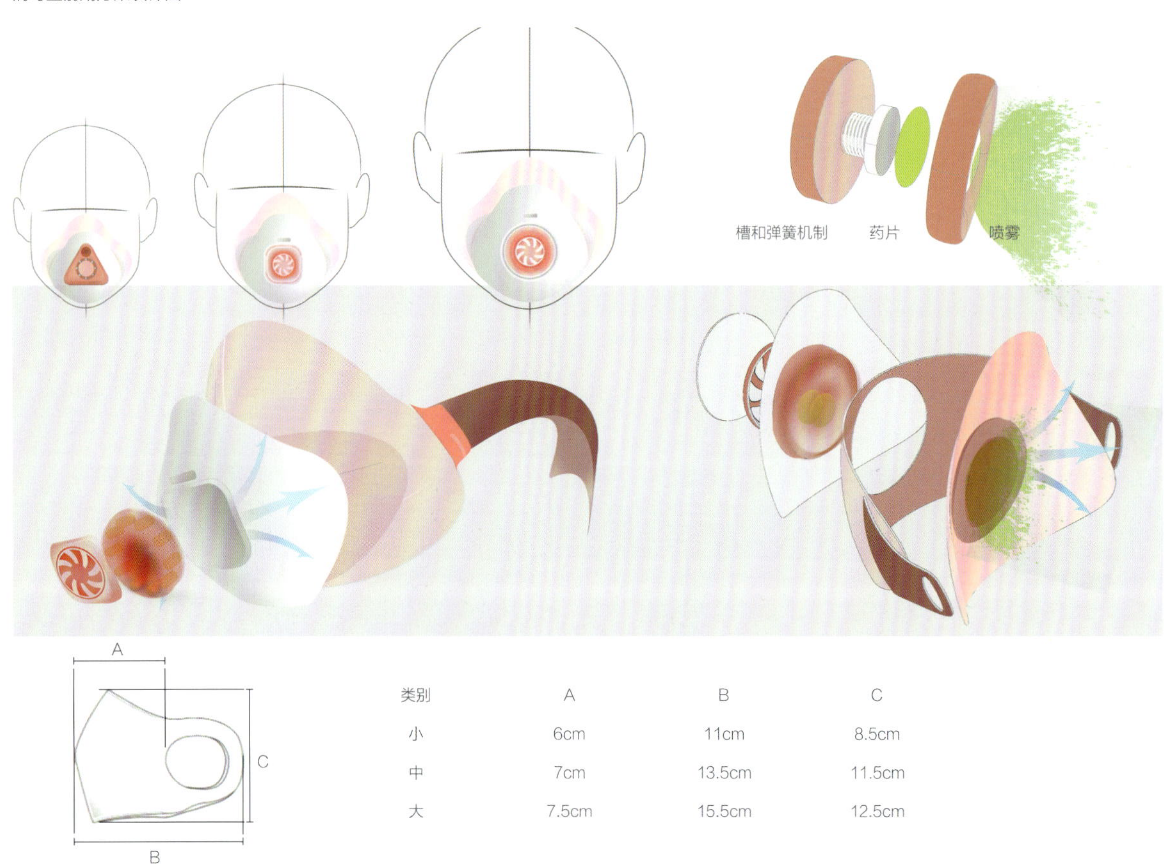

类别	A	B	C
小	6cm	11cm	8.5cm
中	7cm	13.5cm	11.5cm
大	7.5cm	15.5cm	12.5cm

口罩方案设计图

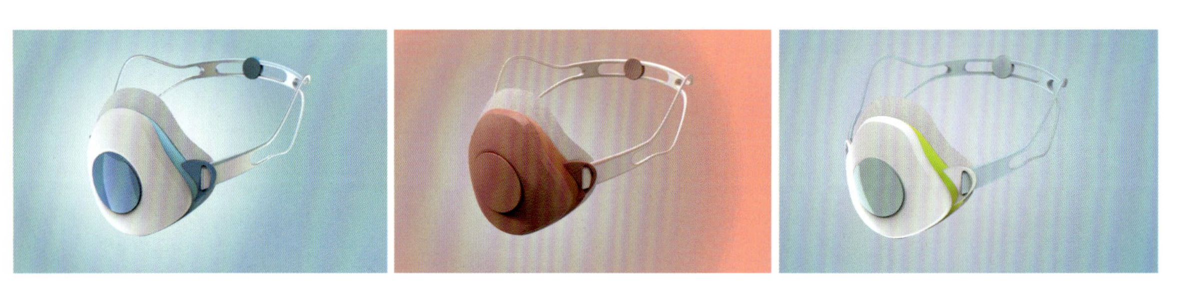
口罩配色方案

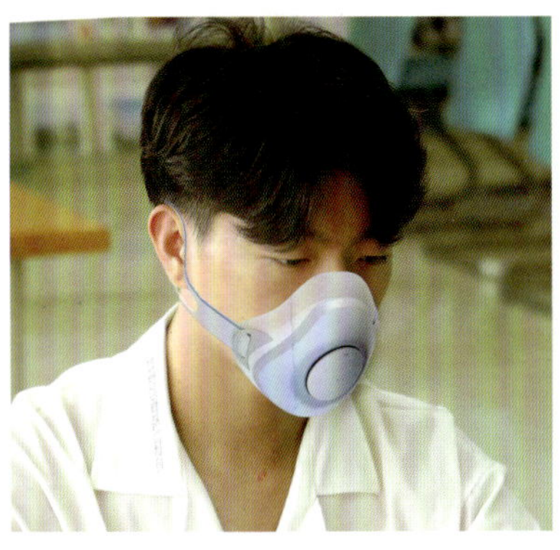

使用场景展示（Usage scenario display）

口罩佩戴（Use and wear of mask）

口罩盒摆放（Mask box placement）

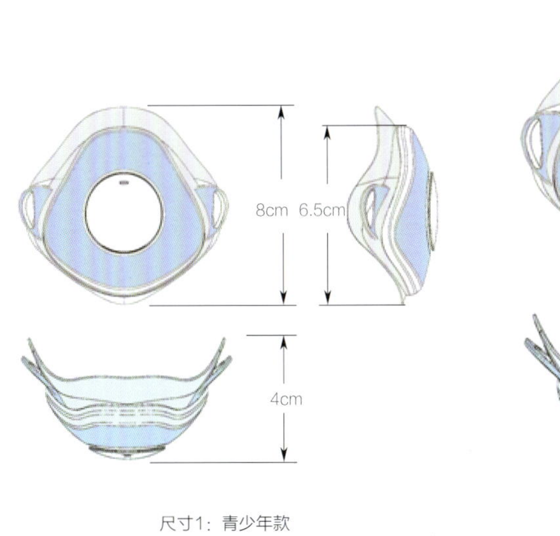

尺寸1：青少年款

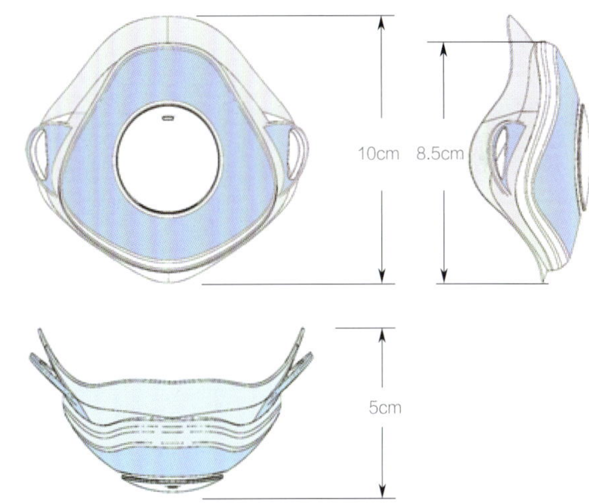

尺寸2：成年款

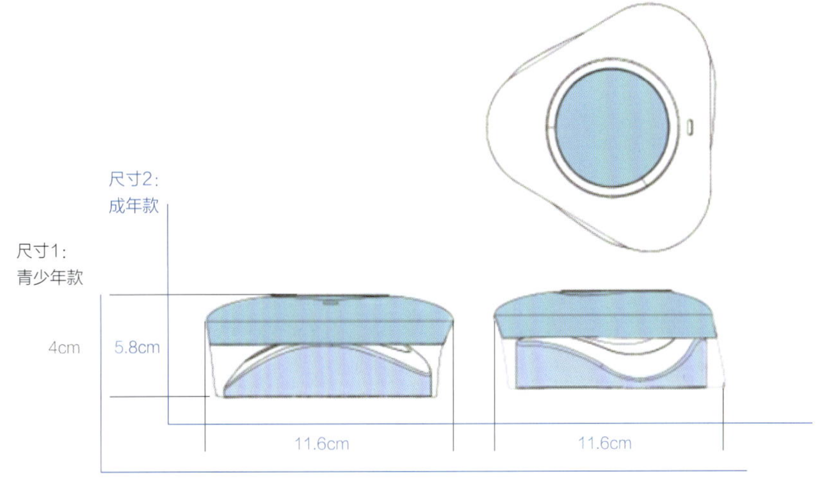

口罩、消毒盒尺寸图

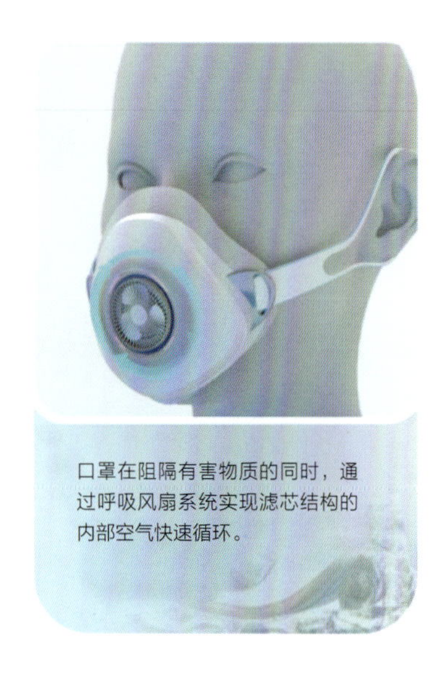
口罩在阻隔有害物质的同时，通过呼吸风扇系统实现滤芯结构的内部空气快速循环。

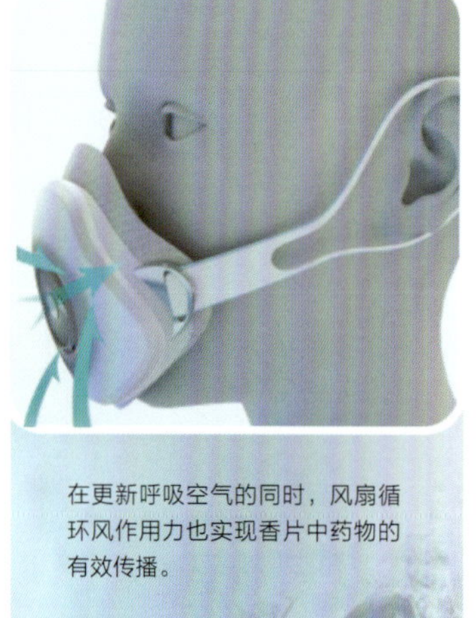
在更新呼吸空气的同时，风扇循环风作用力也实现香片中药物的有效传播。

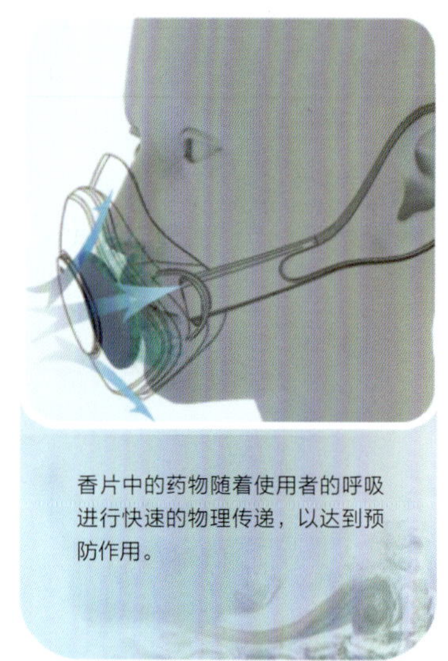
香片中的药物随着使用者的呼吸进行快速的物理传递，以达到预防作用。

创新设计思考

此口罩能够有效阻隔有害物质，通过呼吸风扇系统实现滤芯结构的内部空气快速循环。口罩结构由外到内分别为风扇、固定壳结构、中药香片、口罩滤芯，通过旋钮调节佩戴松紧程度，层层相扣。风扇通过纽扣电池供电，风扇与中药香片共同作用，可达到舒缓症状或预防传染性疾病的效果。口罩后侧设计了可调节旋钮，用户可以根据需求调节松紧。口罩所有部分均可拆卸，便于更换。口罩滤芯可拆卸后放于消毒盒内消毒，也可依据消毒盒提示进行定期更换以保障使用时的卫生状况。

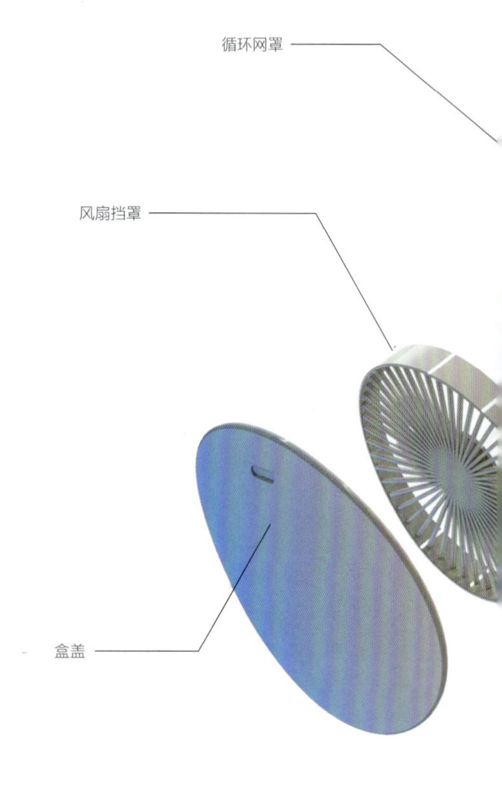

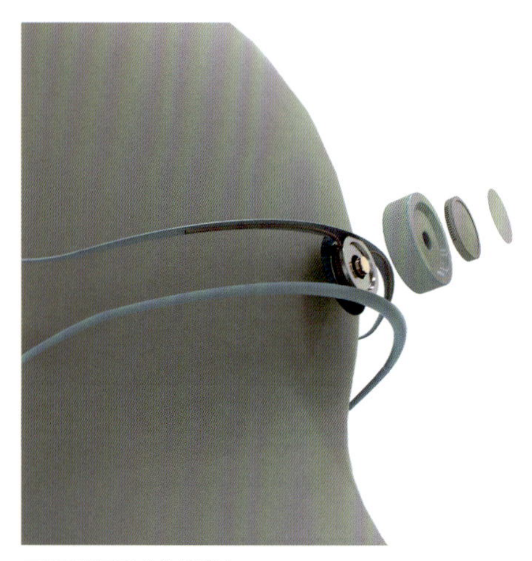
口罩后端可调节旋钮设计

产品结构分析

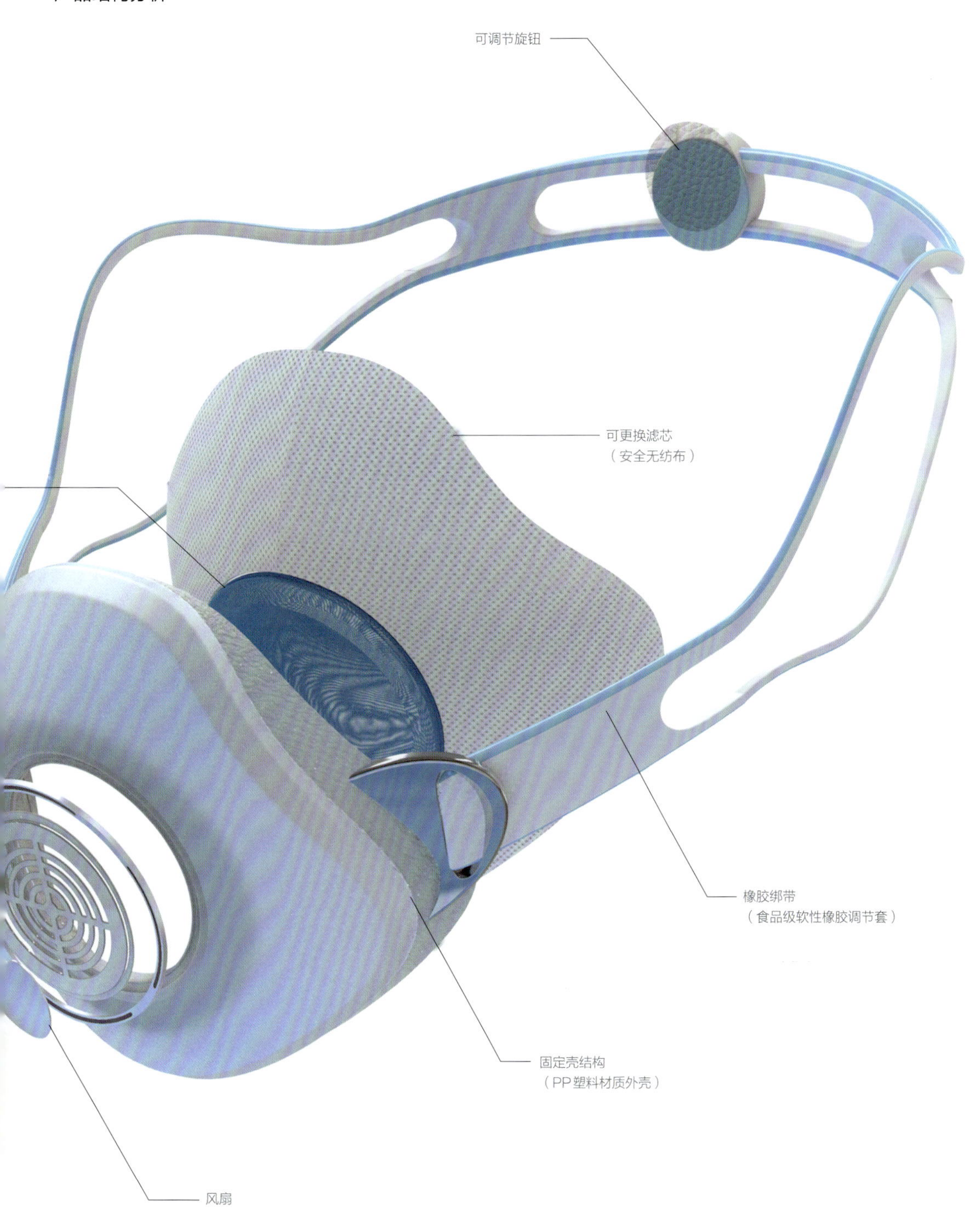

结构爆炸图

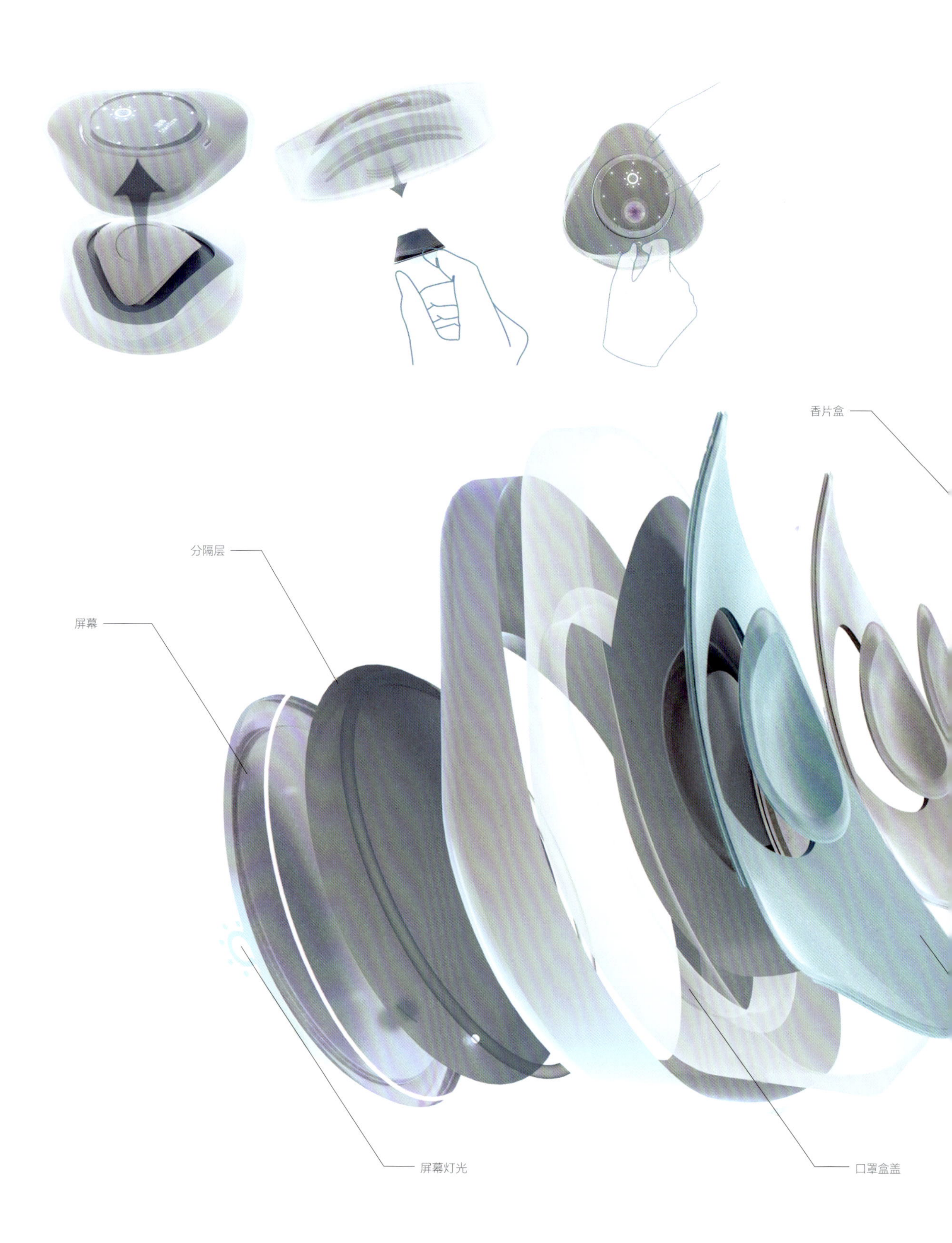

此设计针对青少年人群，考虑该类用户不愿佩戴或因认识不够而忽视正确佩戴方式，因而通过适当的趣味交互引导，以及记录用户使用消毒盒的状态，用后台的鼓励机制与专属贴纸口罩激励用户正确使用。从设计研究角度构建了设计品牌的跨界合作，延续产品的综合价值。

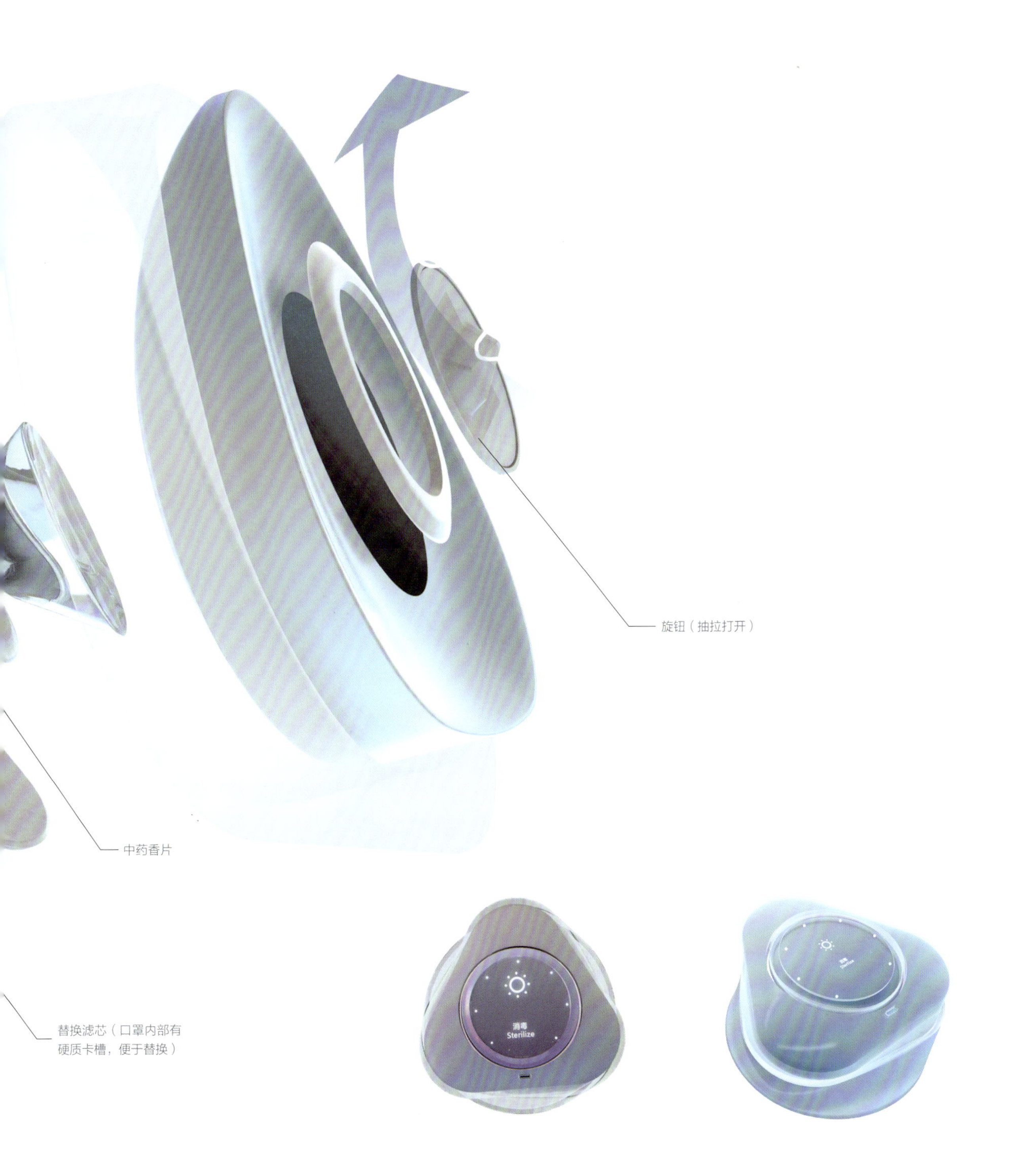

根据口罩及消毒盒的基本造型，完成口罩可替换滤芯的图案设计

畅呼吸APP——
专为儿童健康呼吸监护设计
背景：
疫情、空气污染（可循环系统性发展）引发呼吸性疾病，要好好预防。
设计说明：
采用奖励机制，即鼓励打卡兑换机制——线上坚持记录、打卡，线下邮寄不同盲盒图案的可替换滤芯。
痛点：
口罩闷热，佩戴不适，儿童的厌倦佩戴口罩心理，在公共场合意识不足，易有危害。

主要功能展示
初始教程演示
开启蓝牙，绑定设备
奖励机制说明
Mask&Sterilisation
Breath Detection For U

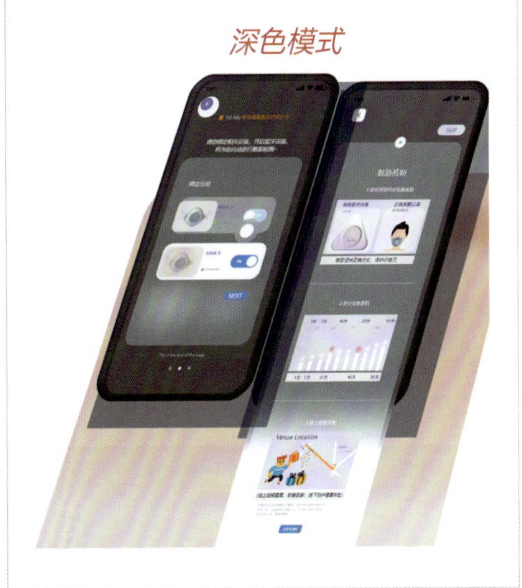
深色模式

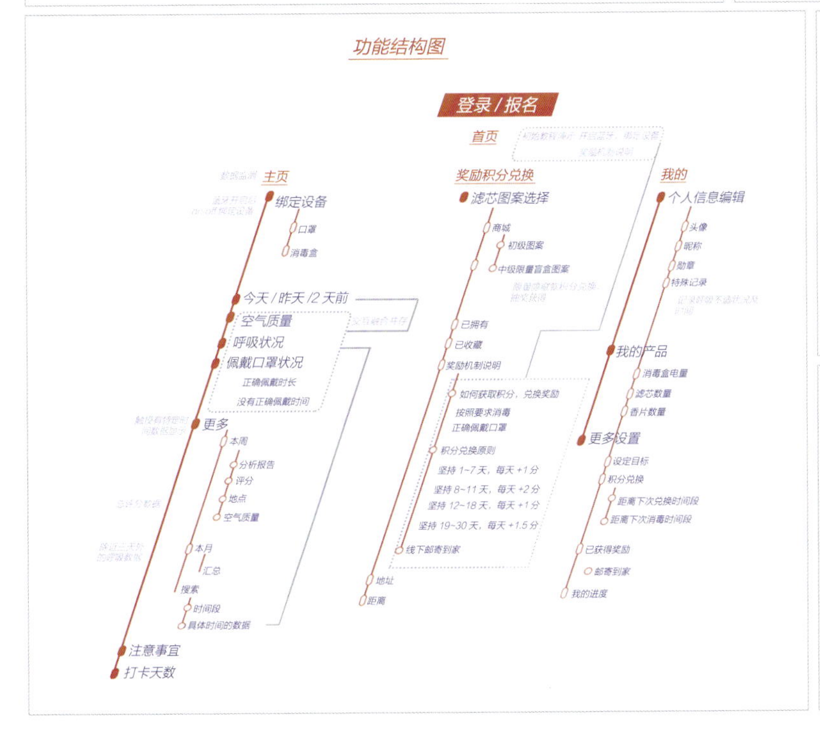
功能结构图
登录 / 报名
首页
主页
绑定设备
口罩
消毒盒
今天 / 昨天 /2 天前
空气质量
呼吸状况
佩戴口罩状况
正确佩戴时长
没有正确佩戴时间
更多
本周
分析报告
评分
地点
空气质量
本月
汇总
搜索
时间段
具体时间的数据
注意事项
打卡天数
奖励积分兑换
滤芯图案选择
商城
初级图案
中级限量盲盒图案
已拥有
已收藏
奖励机制说明
如何获取积分，兑换奖励
按照要求消毒
正确佩戴口罩
积分兑换原则
坚持 1~7 天，每天 +1 分
坚持 8~11 天，每天 +2 分
坚持 12~18 天，每天 +1 分
坚持 19~30 天，每天 +1.5 分
线下邮寄到家
地址
距离
我的
个人信息编辑
头像
昵称
勋章
特殊记录
我的产品
消毒盒电量
滤芯数量
香片数量
更多设置
设定目标
积分兑换
距离下次兑换时间段
距离下次消毒时间段
已获得奖励
邮寄到家
我的进度

BREATHE
SMOOTHLY
ESPECIALLY FOR YOU

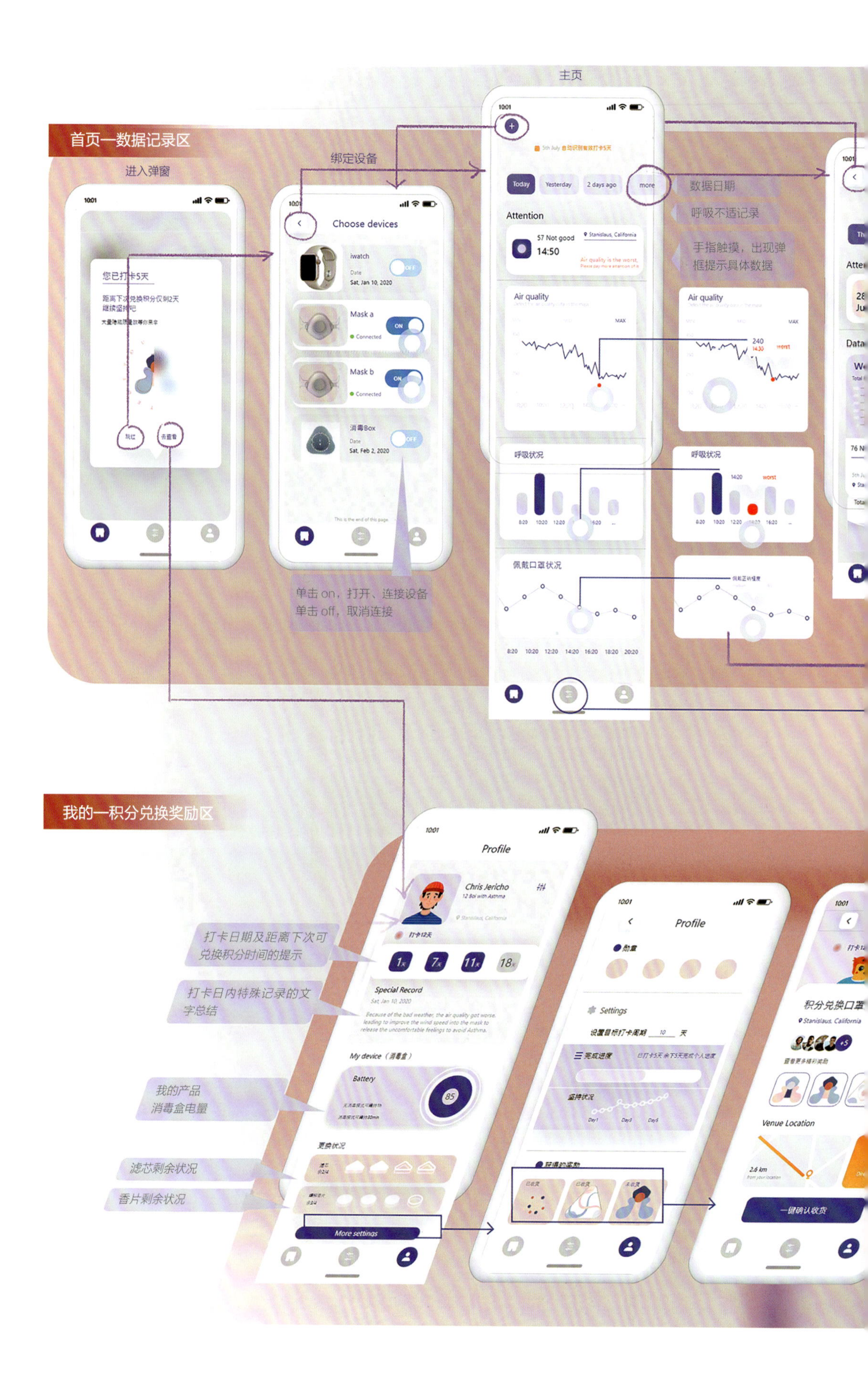

首页—数据记录区
进入弹窗
绑定设备
主页
Choose devices
iwatch
Mask a
Mask b
消毒Box
单击 on，打开、连接设备
单击 off，取消连接
Today
Yesterday
2 days ago
more
数据日期
呼吸不适记录
手指触摸，出现弹框提示具体数据
Attention
Air quality
呼吸状况
佩戴口罩状况
我的—积分兑换奖励区
Profile
Chris Jericho
打卡日期及距离下次可兑换积分时间的提示
打卡日内特殊记录的文字总结
Special Record
My device（消毒盒）
Battery
我的产品
消毒盒电量
滤芯剩余状况
香片剩余状况
More settings
Settings
积分兑换口罩
Venue Location
一键确认收货

右划 /
单击 This month
本月数据
右划 /
单击 Search
搜索
搜索
数据日期
呼吸不适记录
This week
This month
Search
Attention
Data of this week
Month
Week
右划展开
呼吸数据为每日的
空气质量 / 呼吸状
况 / 佩戴口罩状况 /
每周呼吸数据总结
June 6th to June 12th
Air quality
呼吸状况
佩戴口罩状况
叠加状态，
可分别展开
抽选盲盒隐藏款
基础款可选择购买
查看更多精彩内容
BREATHE
SMOOTHLY
ESPECIALLY FOR YOU

民族文化创意产品设计

“具”然是宝藏
系列文创产品设计

设计关键词：
藏族文化元素
IP 形象
系列化文具设计

以“具”然是宝藏为主题，一语双关，体现了融合藏族文化瑰宝的文具的语义，以文具、日历为主要载体，赋予其民族文化内涵。设计中使用了独具特色的藏族人物IP形象和藏族建筑为主的插画——选用六个特点鲜明的藏族人物形象和藏族具有代表性的建筑，进行不同的组合。将插画中合适的元素在文具产品中再现，增强藏族文化的传播性及融合性，体现出藏族文化的灿烂和丰富多彩。

文化来源

“具”然是宝藏系列文创产品从藏族的服饰、习俗及纹样等的特点出发，利用明亮的藏族颜色绘制可爱的IP形象，将藏族著名建筑以插画形式进行表达，并使之与人物IP形象相结合，最终完成六张插画，表达藏族热情风采。这种童趣风格的表达方式十分符合当代年轻人的喜好。插画中的藏族特色建筑选了罗布林卡、布达拉宫、大昭寺、萨迦佛学院（全称为吉祥萨迦祖寺密续部佛学院）、白居寺和雍布拉康。

藏族人物IP形象设计

荣获第十届未来设计师·全国高校数字艺术设计大赛省级二等奖

IP形象F+罗布林卡

IP形象E+布达拉宫

IP形象A+大昭寺

IP形象C+萨迦佛学院

IP形象D+白居寺

IP形象B+雍布拉康

创新设计思考

将藏族文化与文具结合，可以让其适用范围更广泛，便于文化的传播。设计内容包括笔记本、文具夹、笔记本腰封、明信片、姓名贴、胶带等文具产品。在笔记本的设计中，将IP形象放在页面的不同角落，进而丰富笔记本内部页面的美观度，增加文具的趣味性。其中一种夹子利用透明材质作为底面，印上IP形象图案，简约中带着一丝俏皮。通过将纹理、IP形象及建筑形象巧妙地与不同文具进行搭配，使之具有实用性的同时，营造出独特的民族氛围感。

笔记本设计（内页）

笔记本设计（封面）

姓名贴设计

趣味贴纸设计

明信片设计

徽章设计

胶带设计

塑料夹子设计

胸牌设计

木夹子设计

笔记本腰封以藏族特色建筑为基础进行设计，采用藏族著名建筑的色彩和造型，将建筑的全景观以插画的形式印制成腰封，以艺术化的方式，将著名建筑的外观展现在大家面前。以腰封设计与封面设计结合，且腰封自带折痕，具备书签功能，提高其使用价值（见下图）。

腰封设计（藏族建筑插画）

日历以六张插画明信片作为背景板，按季节将页面分为四组，同季节景色不变，每月可自由替换四个建筑图案。法定节假日日期处设有可以扣开的“小窗口”，窗口内藏有藏族小元素，更具趣味性。日历底座设计了打孔器功能，可将用完的日历页面进行打孔装订，也可将之作为明信片邮寄给好友，与好友分享藏族特色风采。

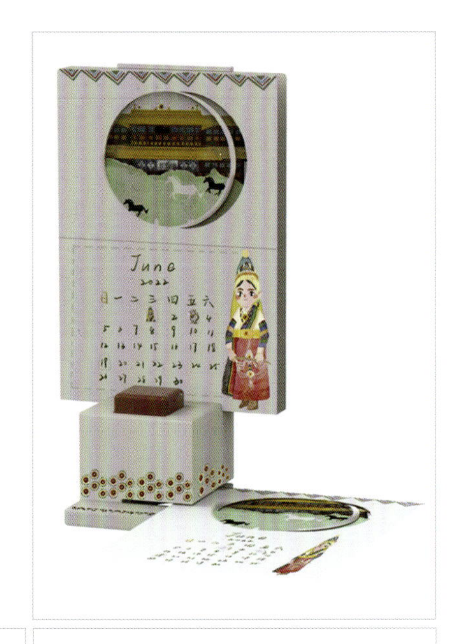

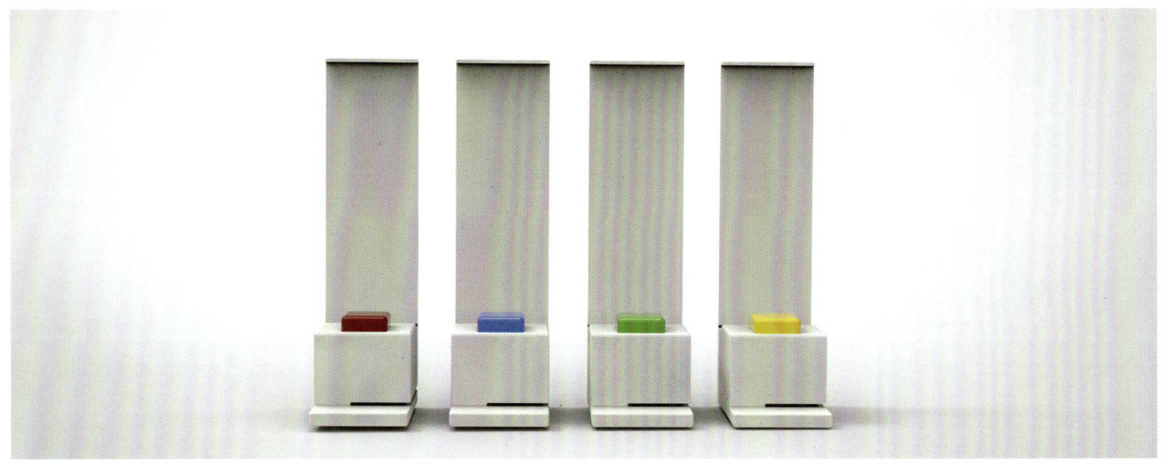

日历设计

博物馆文化创意产品设计

“你好盛京”系列文创产品设计

设计关键词：
博物馆
IP
产品外观
文创衍生品

相比北京故宫，沈阳故宫更具满族韵味，在建筑独特性方面尤为突出。“你好盛京”系列文创产品的设计以沈阳故宫代表性建筑为主要参考对象，将蕴含丰富民族文化的建筑浓缩至文创产品中，赋予产品历史的、民族的文化内核，同时将沈阳故宫悠久的历史文化以一种现代化、具象化的方式呈现出来。

“你好盛京”系列文创产品设计包括功能性产品、IP形象和周边衍生品三部分的设计。功能性产品以大政殿为设计形态参考，设计了氛围灯、加湿器和接线板三个功能性产品；IP形象和衍生品主要根据大政殿、凤凰楼和文溯阁进行文化创意设计。衍生品包括徽章、抱枕和扇子等系列产品。

荣获2022年辽宁省普通高校大学生国潮文化设计应用比赛省级二等奖

文化来源

“盛京文化”，指清代盛京地区以满族为主体的各族共创文化，是清文化的重要组成部分。沈阳被尊称为“天眷盛京”，遂有“盛京”之名。盛京皇城是中国城建史上都城建设的典范之作，在建筑艺术上承袭了中国古代建筑的传统，集汉、满、蒙古族建筑艺术为一体，具有很高的历史和艺术价值。现存的盛京皇城遗址中，沈阳故宫保存得最为完整。其中沈阳故宫东路的大政殿建于努尔哈赤时期，为八角重檐攒尖式建筑，殿顶满铺黄琉璃瓦且镶绿色剪边。中路的凤凰楼风格与多数皇城建筑迥然不同，楼三层，建在四米高台之上，楼体为歇山顶式，同样是琉璃铺顶，金黄镶绿，上有乾隆皇帝御笔亲题的“紫气东来”匾。凤凰楼为盛京城内最高建筑，“凤楼晓日”乃盛京八景之一。西路的文溯阁仿照宁波的天一阁而建，具有典型的江南书阁样式。文溯阁，不见皇家威严之风，只有书香文韵之气。

创新设计思考

通过深入调研沈阳故宫博物院，本系列博物馆文创产品的设计依据大政殿、凤凰楼、文溯阁三座沈阳故宫内的代表性建筑，融入了端午粽子的造型元素，并以此为基础进行了IP形象设计，采用插画的设计风格绘制出了三个顶着建筑的胖乎乎的可爱形象“盛京三团”。氛围灯结合了沈阳故宫内清代鎏金掐丝珐琅玻璃座灯的部分造型与纹样，内置建筑造型灯芯。整体构造精致、色彩明艳，操作简易，可以在夜晚作为床头的小夜灯使用，也可以作为书桌上的一盏氛围灯。

氛围灯效果图

接线板由大政殿俯视图演变而来，保留大政殿的八边顶、殿顶黄琉璃、绿剪边的显著特征。接线板整体造型沿用大政殿顶部八边形基础形状，保留黄绿配色，并将大政殿横梁纹样简化设计成接线板侧面装饰图案。接线板正面、侧面设计了多种插口，中间顶部为接线板开关，八个模块中的一个为照明模块，以保证夜间接线板的可视性。

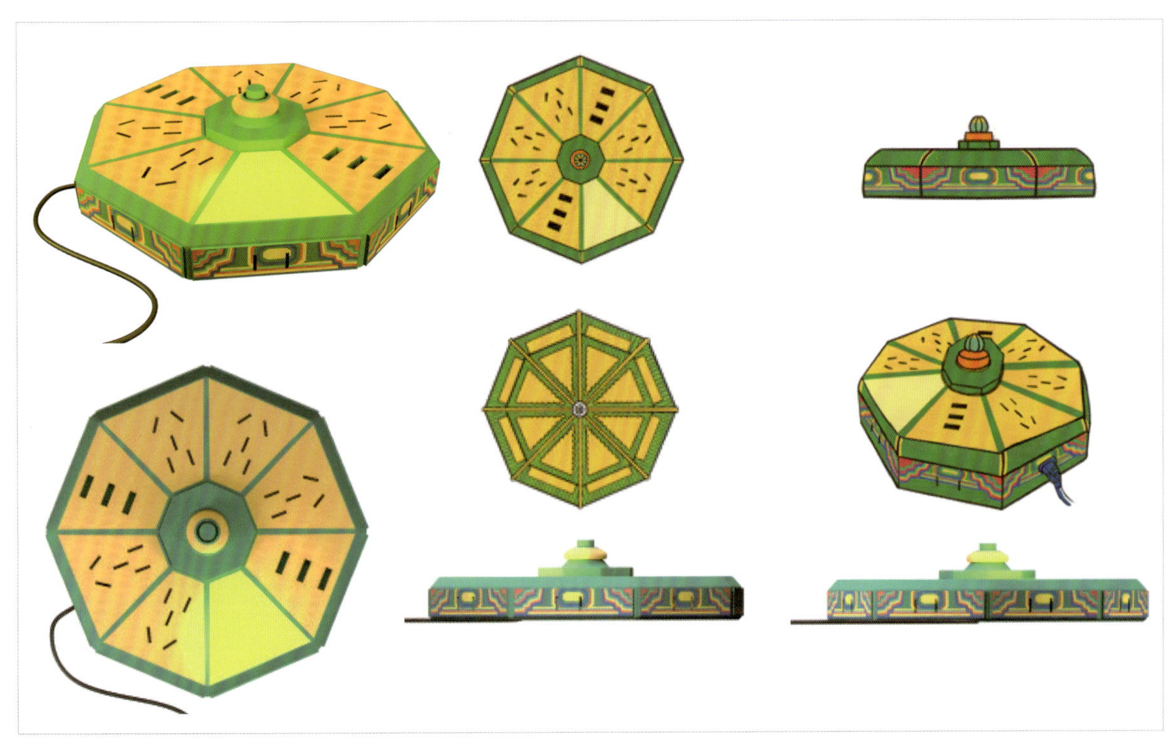

接线板草图及产品多角度图

加湿器产品的设计在造型上还原大政殿的整体造型特点，并将之与清朝服饰纹样结合，完成最终的外观设计。尖顶部分与窗户是加湿器出气口，黄色按钮为开关，中间半透明磨砂部分为水箱。

加湿器多角度图

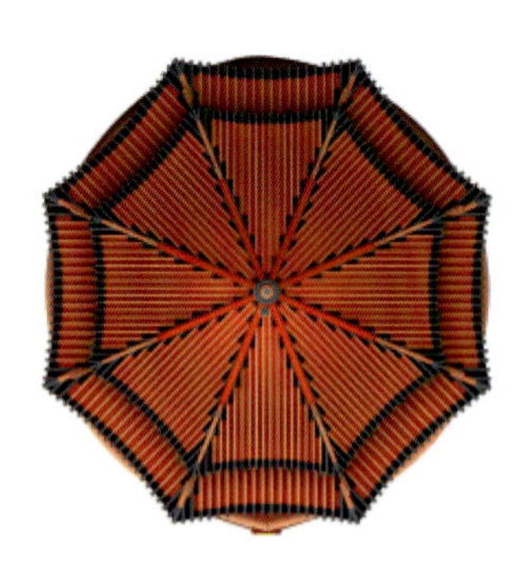

衍生品设计

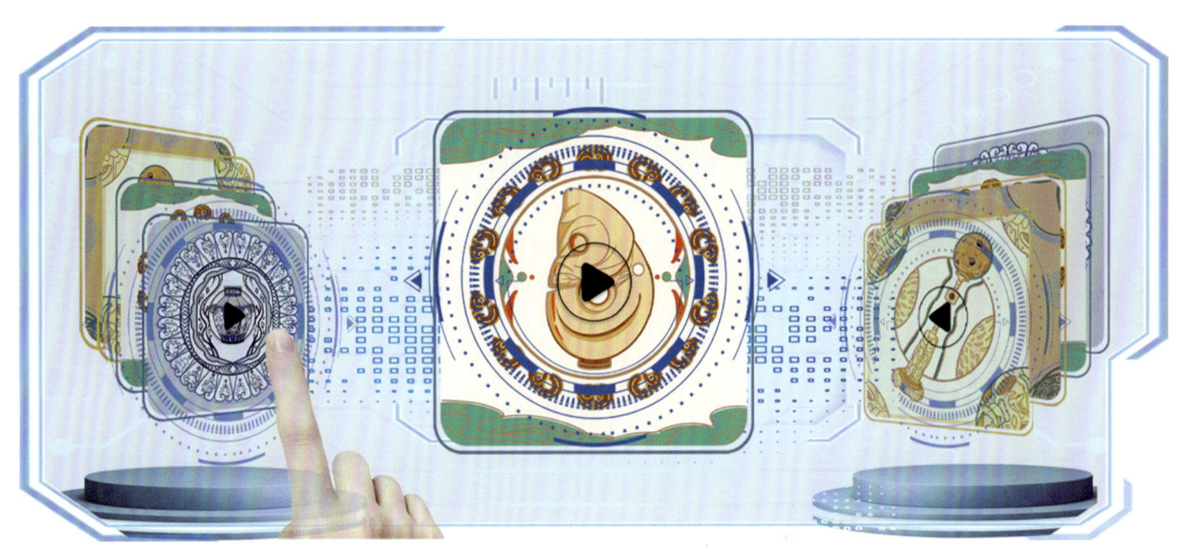

荣获2022年辽宁省普通高等学校本科大学生工业设计竞赛省级二等奖

数字辽博文创产品设计（系列一）
Online Culture——辽宁省博物馆数字文创设计

设计关键词：

博物馆

数字文创

插画设计

智能化产品

近年来，数字化技术的不断进步，给文创产业带来新的发展契机，“数字文创”应运而生。数字文创以文化创意内容为核心，依托数字技术进行创作、生产、传播和服务，给用户带来更好的交互体验，同时建立起用户与文化之间更深层的情感连接。Online Culture正是基于这一现状为辽宁省博物馆打造的全新数字化公共服务设施及多功能服务平台设计，包括数字文创产品设计、VR体验舱设计及系列博物馆文创衍生品设计。

Online Culture数字文创体验舱（VR体验舱），在外观上采取了醒目的橘色舱身，外壳装饰采用规整的凹凸起伏的波浪纹理，材质为磨砂塑料，既保证环境的透光性，还保障了VR体验的封闭性。舱内设置体验座椅，侧面和顶部有可供室内外换气的通气口，舱门上方有指示光条显示舱体使用状态。体验者可在VR体验完毕后，通过创意小程序选择动态插画的图样颜色，在舱内自由创作和打印丝巾、明信片等数字文创衍生品。

线上定制专属数字文创插画

根据定制图案生产专属丝巾

线上后台

根据定制图案打印明信片

360

线下 VR 体验

Online Culture

制作实物 送货上门

私人定制

相关从业人员

参观群体

用户群体

线上系统

线下系统

设备维修

合作商

物流运输

○显示屏 ○通风孔 ○指示光条

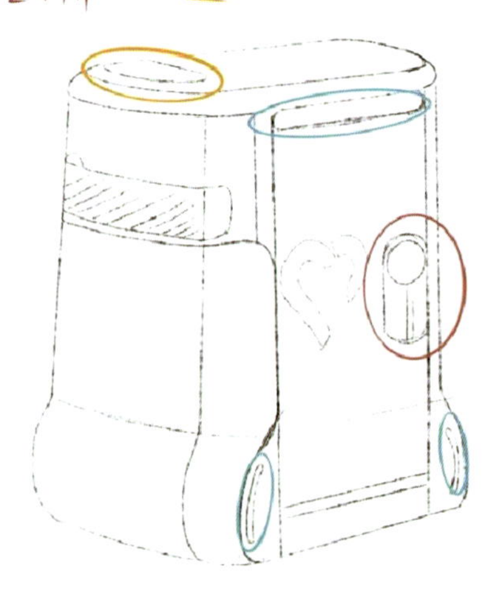

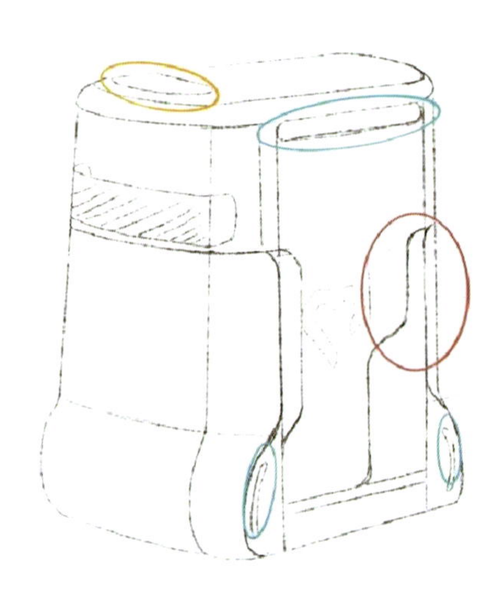

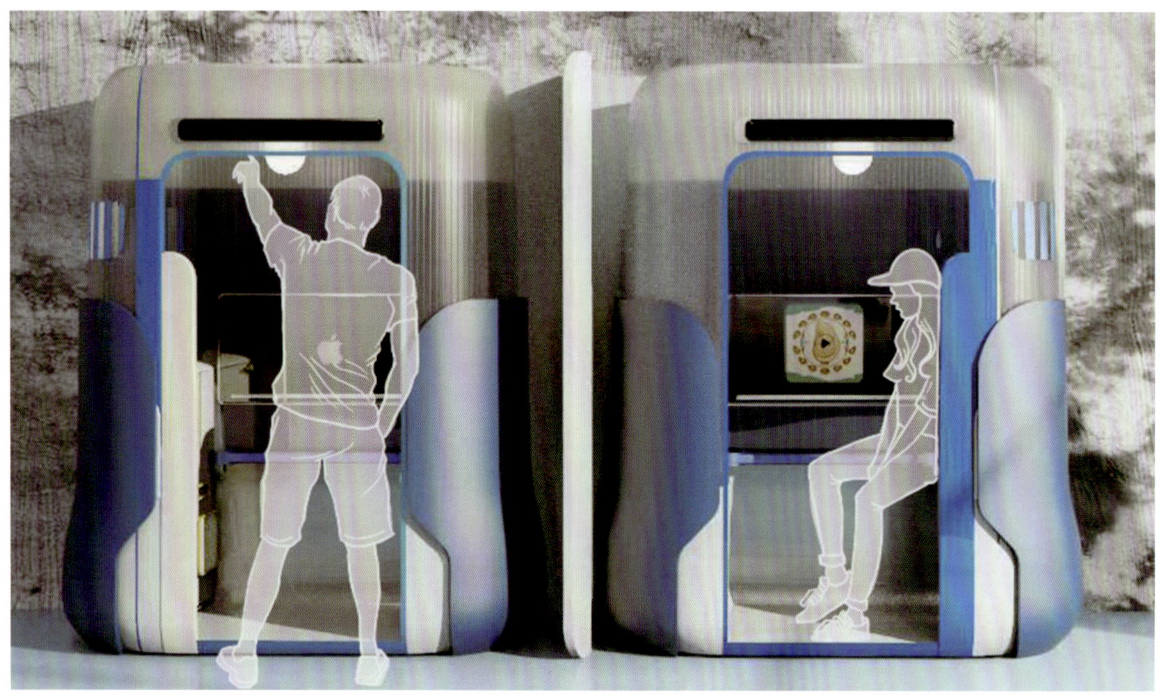

VR体验舱使用场景展示

VR体验舱内部展示

VR眼镜、手柄

侧面通风口

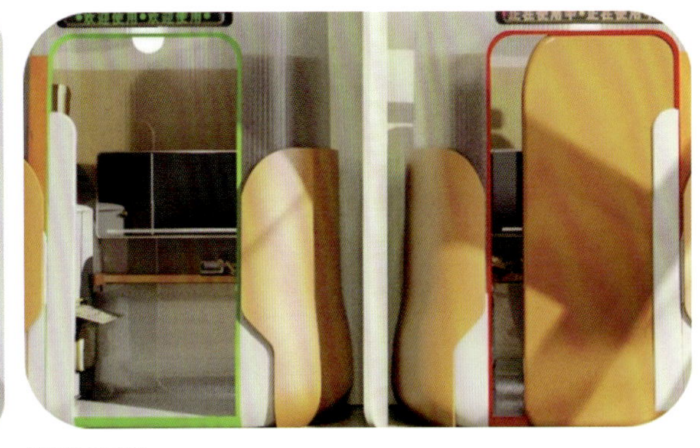

舱门及指示灯

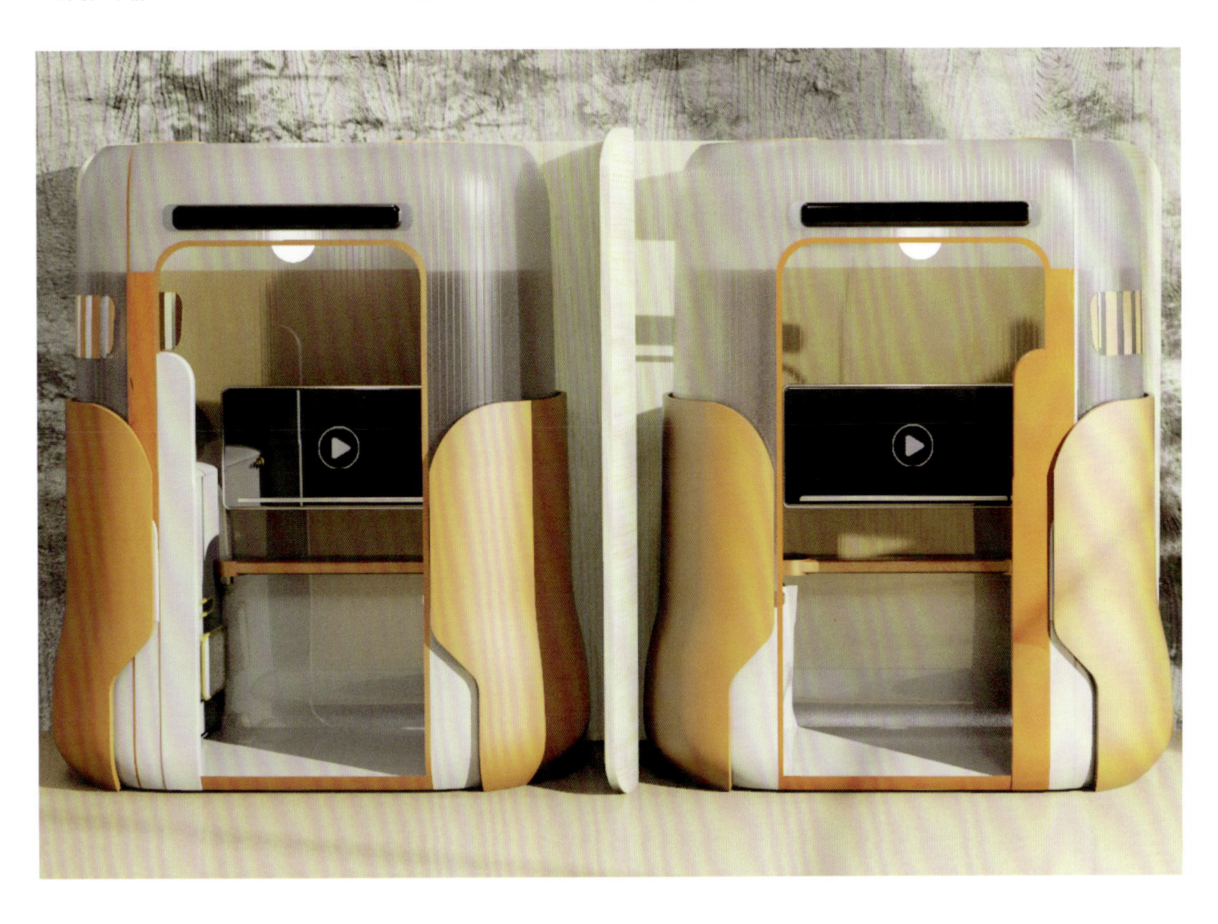

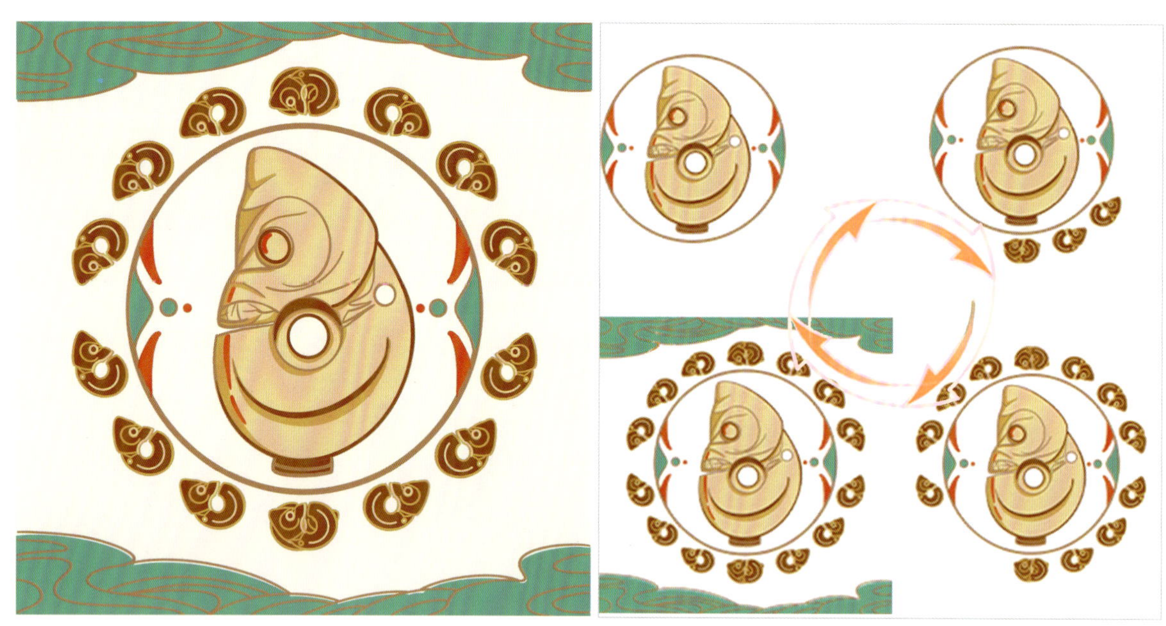

插画一：红山文化玉猪龙动态插画

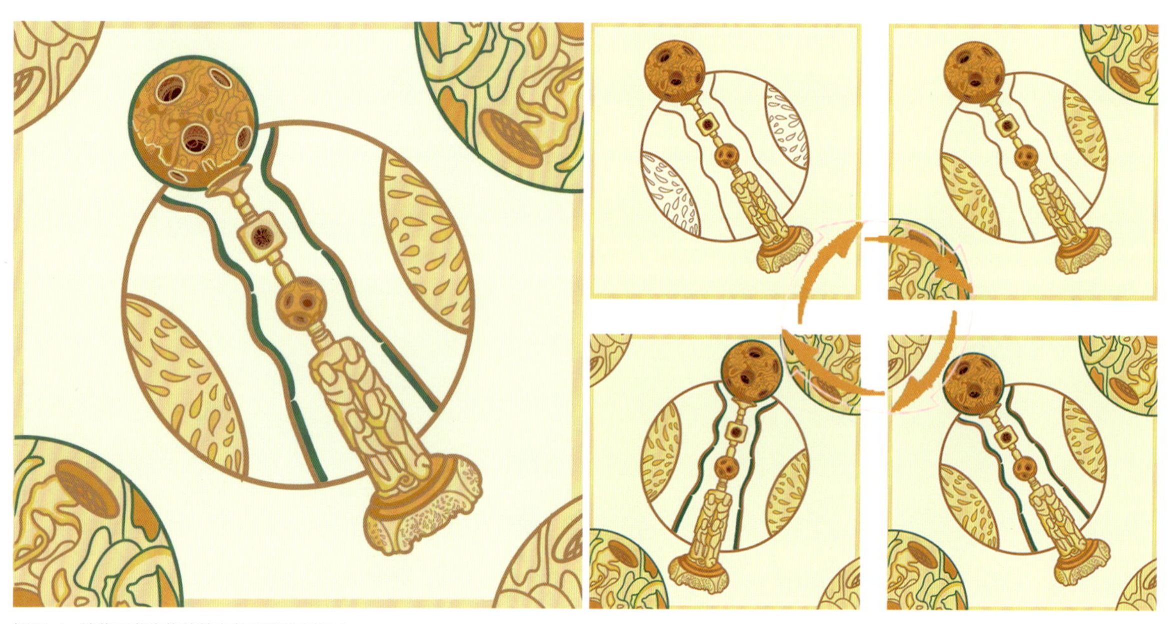

插画二：清代云龙人物纹转心象牙球动态插画

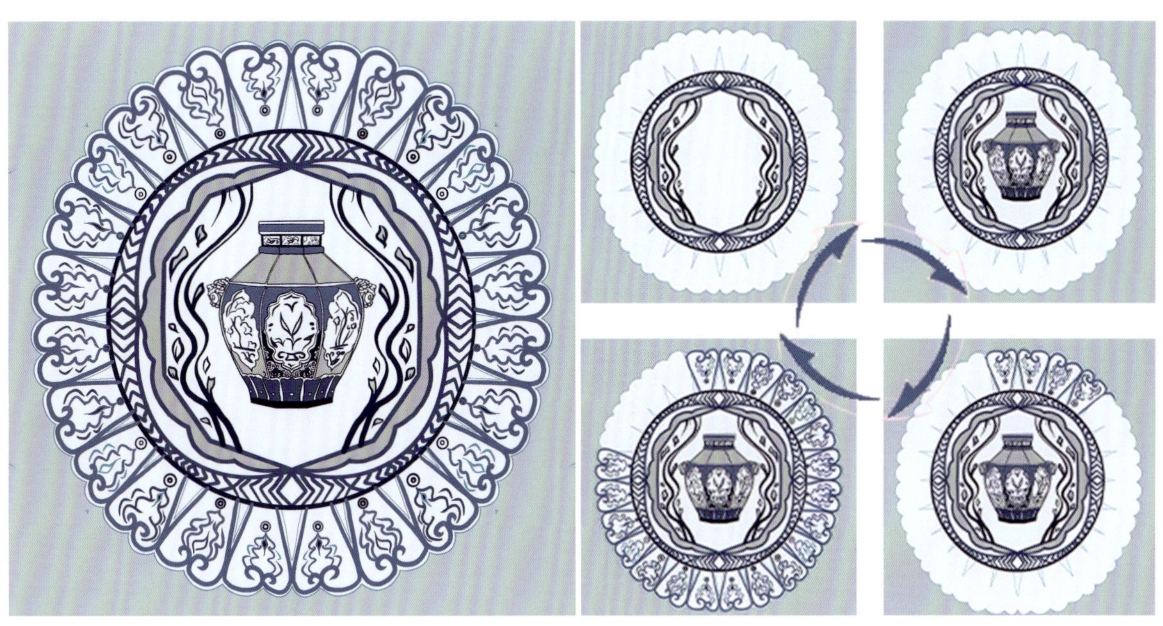

插画三：清代云龙人物纹转心象牙球动态插画

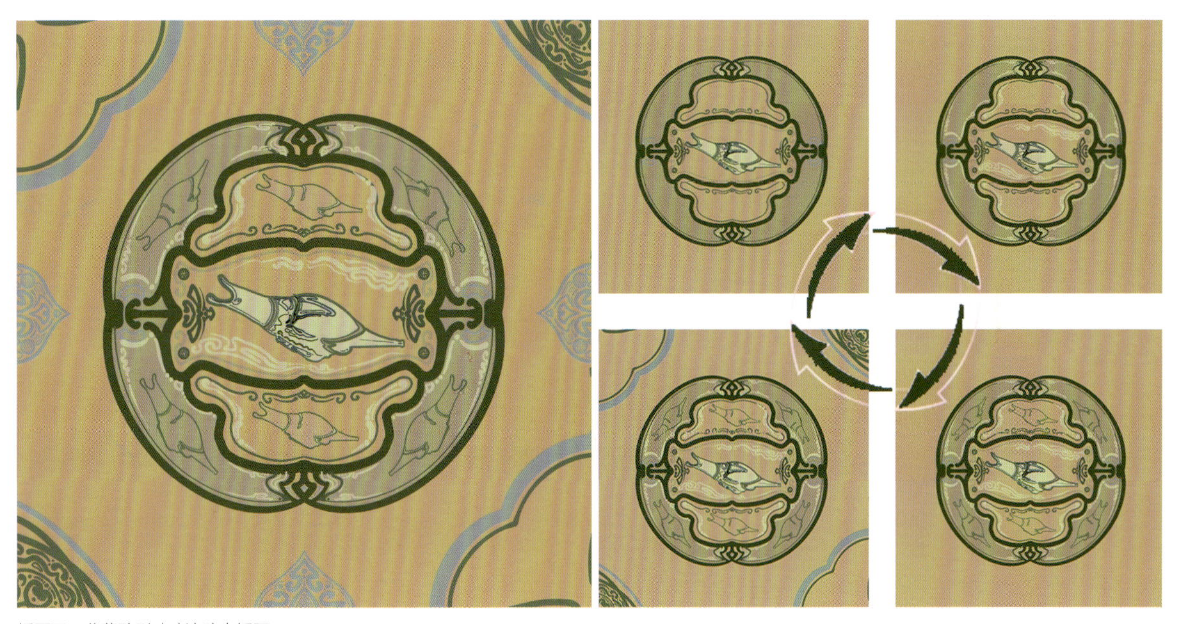

插画四：北燕鸭形玻璃注动态插画

衍生品设计

数字辽博文创产品设计（系列二）
“玉猪龙”蓝牙音响设计

设计关键词：

博物馆文创

外观设计

智能化产品

“玉猪龙”蓝牙音响是一款基于辽宁省博物馆镇馆之宝——玉猪龙藏品造型设计的蓝牙音响。其主要设计意义是颠覆以往以陈设为主要使用形式的传统旅游纪念品的特点，增加产品的实用性和科技元素，将文化形象进行传播。

荣获2021年第九届全国高校数字艺术设计大赛（省赛）三等奖

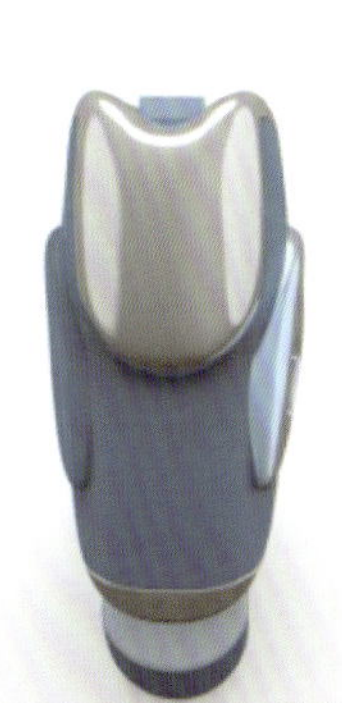

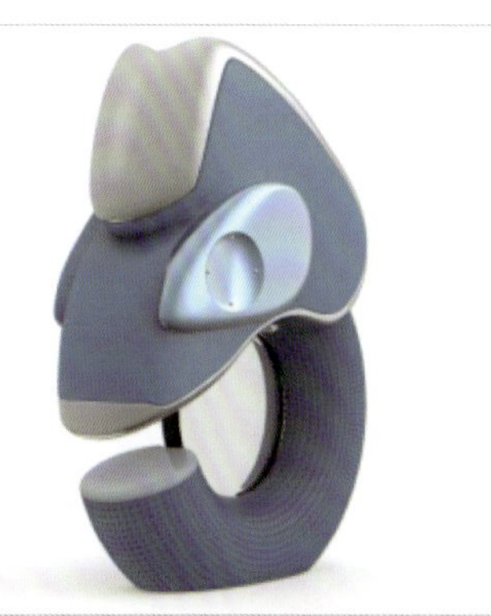

文化来源

玉猪龙是红山文化时期玉器制品，是目前所知时代最早的龙形器物之一。红山文化是中国北方地区新石器时代文化，被称为“东方文明的新曙光”。图中为辽宁省博物馆收藏的一件红山文化玉猪龙，雕刻精美，线条流畅，是已知红山文化玉猪龙中形体较大，形制最规整的一件。其造型优美，为白色蛇纹叶岩，肥首大耳，圆睛，吻部前突，口微张，獠牙外露，体蜷曲如环，扁圆厚重，背部有一穿孔。

方案一:

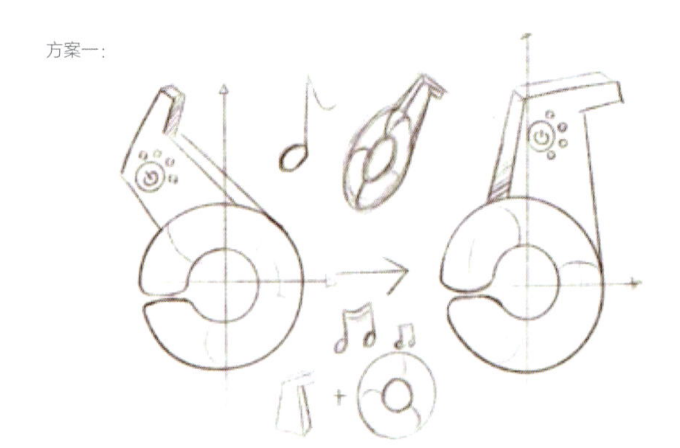

方案二:

创新设计思考

“玉猪龙”蓝牙音响是一款音响与氛围灯相结合的一体化智能产品，其形态运用了红山文化玉猪龙的造型元素。“龙头”作为调音按钮，“龙身”作为音响出音口，通过造型的切割丰富产品细节。中间部分镶嵌透明屏幕，用于悬浮显示歌词。在颜色上，使用中国传统色靛青和星蓝，突出中国文化元素。在材质上，使用六系铝合金（6×××系铝合金）外壳，结合喷砂工艺和阳极氧化工艺，呈现出高端的表面质感，与藏品自身文化内涵相呼应。

功能介绍

在使用方式上，“玉猪龙”蓝牙音响可以通过蓝牙连接手机，通过手机APP等对音乐播放进行智能控制；通过音响上的实体按键进行简易操作。产品背部设有Type-C接口，方便歌曲传输及充电。透明屏幕上悬浮显示的歌词和交互灯，从听觉和视觉上让使用者感受音乐的情绪。该设计将现代科技与博物馆文创结合，使产品既具有蓝牙音响的功能性，又是一件具有文化内涵的家居装饰品。

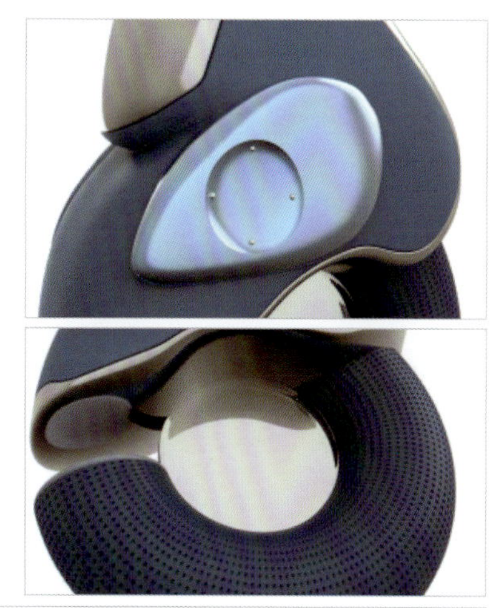

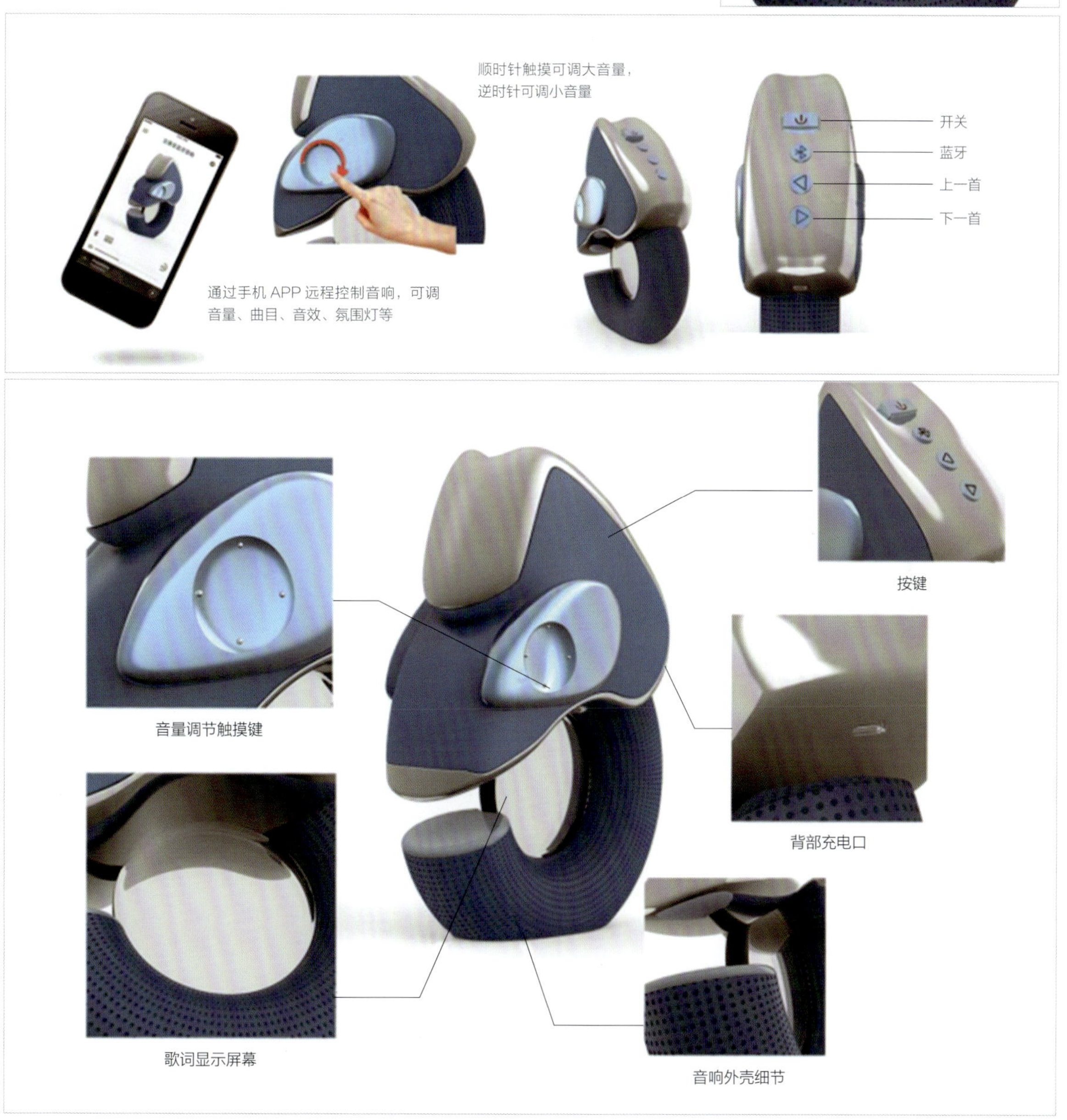

“玉猪龙”蓝牙音响设计产品外部功能展示

YUZHULONG

荣获2022年第十届未来设计师·全国高校数字艺术设计大赛省级三等奖

科普文化创意产品设计

好事一“螺”筐
——贝壳博物馆科普系列文创设计

设计关键词：

博物馆科普

IP

插画设计

文创衍生品

好事一“螺”筐——贝壳博物馆科普系列文创产品是将文创产品赋予海洋文化的内涵，以年轻、活力的方式普及海洋中富有魅力的贝类知识的产品。本系列科普文创的设计是通过对贝壳博物馆的实地调研，选定6种具有代表性的海洋贝类，采用插画的设计风格绘制出6个可爱、灵动的IP形象，并衍生出一系列具有科普性、环保性的文创产品设计。实施后期可以根据博物馆科普宣传的范围加入更多的设计形象，拓展设计范畴。

文化来源

龙宫翁戎螺（*Entemnotrochus rumphii*）的花纹如同一簇簇向上蹿起的火苗，它还具有研究古生物演变的科学价值。由于稀少，它是多个博物馆的镇馆之宝。

鹦鹉螺（*Nautiloidea*）经历了数亿年的演变，结构变化却很小，被称作海洋中的“活化石”。

红鲍（*Haliotis rufescens*）是生物中体形最大的一种鲍，是气候温和地区丨分有经济价值的鲍。

黄金宝螺（*Lyncina aurantium*）壳大形美，色彩瑰丽，也因此成为美丽故事中显赫权威的象征。

法螺（*Charonia tritonis*），若磨去壳顶，可吹出响亮的声音。因此，古代的部族和军队用它作为号角，寺庙的僧、道用它作为布道昭示的法器。

华贵栉孔扇贝（*Mimachlamys nobilis*）大约有四种鲜亮色彩，也以营养丰富、味道鲜美、肉质细嫩而著称。

龙宫翁戎螺、鹦鹉螺、红鲍、黄金宝螺、法螺、华贵栉孔扇贝插图设计

龙宫翁戎螺、鹦鹉螺、红鲍、黄金宝螺、法螺、华贵栉孔扇贝（从左到右），文化IP形象四套基本图样设计

创新设计思考

经历无数年的演变，形状各异的贝类宛若天上繁星，被视为大海滋养着、保护着的孩子，给人纯真美丽之感。因此IP形象设计突出贝壳的特点，将之与人物形象及可爱动作进行结合。根据贝壳光滑的视觉感和天然弧线的美感，设计时以圆润的线条风格表现贝壳插图形象。

在色彩上，对贝类本身及其生活环境中的固有颜色加以分析，选用出现频率较高、较明亮的颜色作为IP人物的主色调。明亮活泼的颜色能够吸引孩子的眼球，激发孩子了解IP人物和贝类故事的兴趣。产品贴近生活，以一种富有活力的方式向人们展示海洋文化。

IP形象壳宝系列表情包

IP形象壳宝系列表情包，将日常生活中的感受生动形象地描绘出来。以纸胶带为主要载体，使用者灵活运用表情，可以增添文具和日常记录的趣味性。将卡通IP形象与表情包结合而完成的六款帆布包，包口部分有拉链和纽扣固定，内部有隔层，给人俏皮可爱之感，同时也提醒使用者对海洋生物和海洋环保的关注。明信片由卡通IP形象、科普小插画、线描基础形象三部分组成，正面主要以IP形象配合海螺等的基础线描完成版面设计，背面介绍该贝类的科普小常识，兼顾科普性和美观性，可激发人们的收藏欲。

IP形象壳宝系列表情包纸胶带

环保帆布包系列

COLOURFUL
MULTICULTURAL
HISTORIC
SYMBOLIC
MAXIMAL
VALUABLE

明信片系列效果展示

笔记本系列，融合卡通IP形象与科普小插画，在本子中的分隔页中加入了插画风格的科普知识，将科普知识融入日常生活。在使用功能方面，选用四种不同记录用途的内页，让该系列笔记本适用于多种使用方式。

笔记本系列拥有丰富内页
（图中文字为示意内容）

2022好事一“螺”筐文创日历融合卡通IP形象、表情包和科普小插画，通过日历页面对海螺等的种类、稀有度等进行了详细的介绍。将科普融入日常生活，提升产品的实用性。

2022好事一“螺”筐日历与内容展示（文字为示意内容）

“OO”水科普玩具设计

设计关键词：
科普
玩具设计
文创衍生品

“OO”水科普玩具的“OO”取自英文loop（环，loops为循环），也是无穷大符号∞的变形，以此体现城市水循环的设计主题，升华设计中的科普意义。设计以寓教于乐为目的，围绕城市水循环进行知识科普，通过“观、连、倒、摇”四个互动板块的游戏，使儿童能够切实体会城市中水的循环运行模式，在娱乐中更好地认识到水循环的相关知识。

创新设计思考

“OO”水科普玩具设计运用服务设计的方法对城市水循环科普进行设计研究，注重趣味性和体验感，为儿童提供丰富的学习方式。设计模块采取“3+1”的方式，分别从雨的形成、中枢水库的作用、城市水的过滤及城市供水分类、水库的发电等方面进行科学知识普及。产品造型、颜色等均以“水”作为设计参考元素，以达到呼应主题的目的。该产品的设计初衷为，在培养儿童动手能力、思考能力的同时，也可以提高儿童对生态环境的认知，激发儿童的情感体验，使枯燥乏味的理论知识生动化、趣味化，并为儿童科普玩具设计提供新思路。

荣获2022年第十届未来设计师·全国高校数字艺术设计大赛省级二等奖

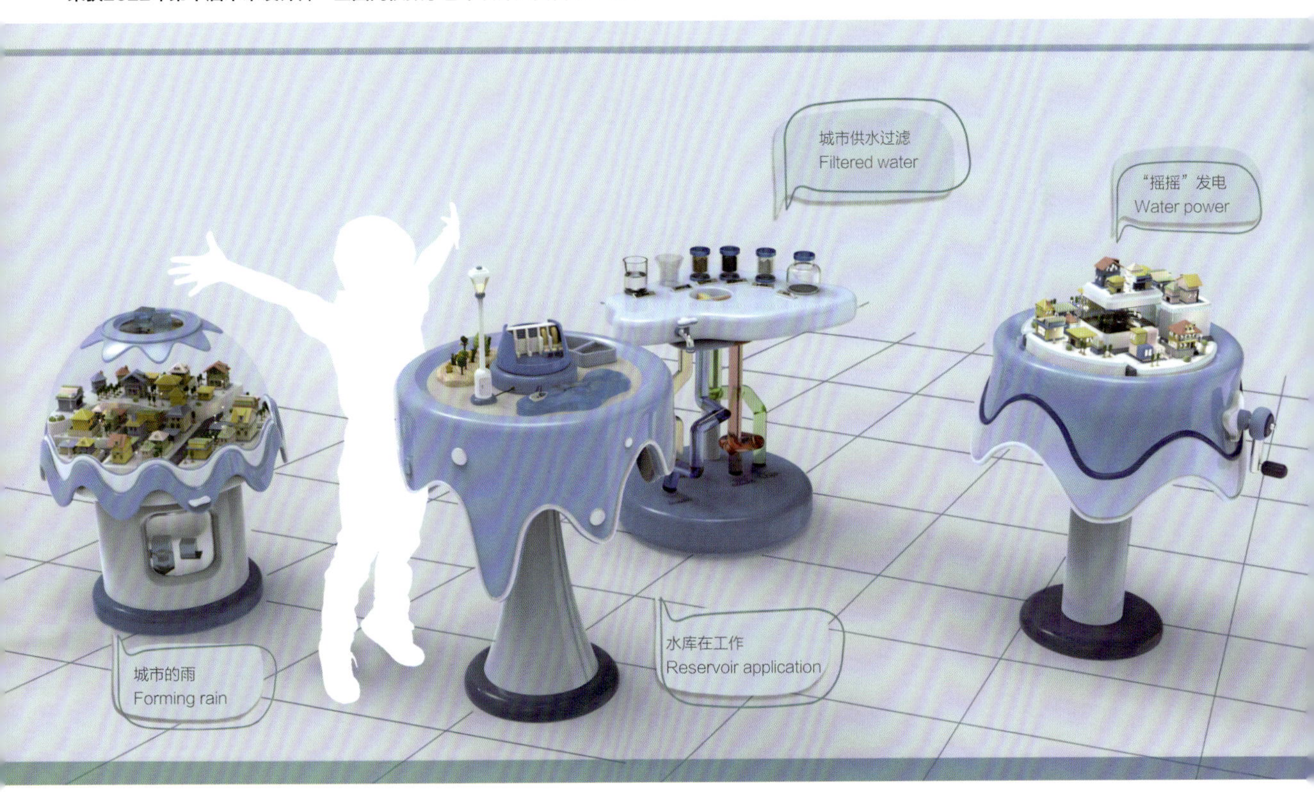

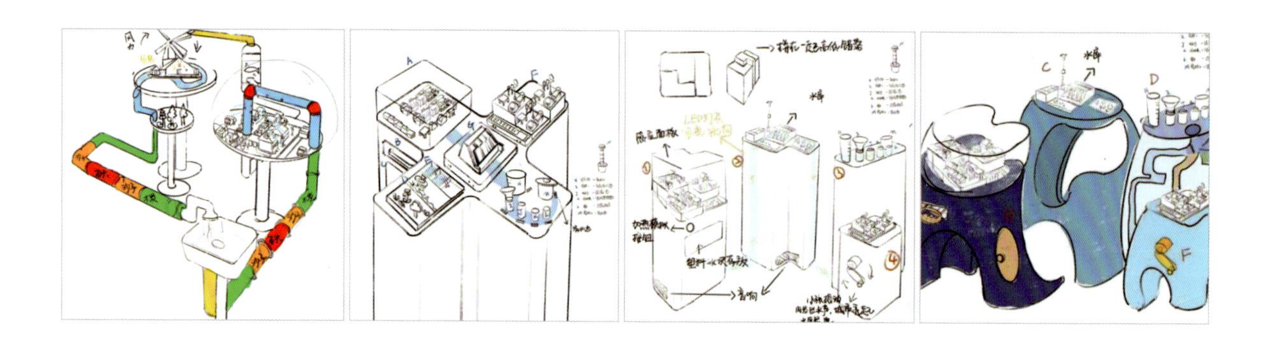

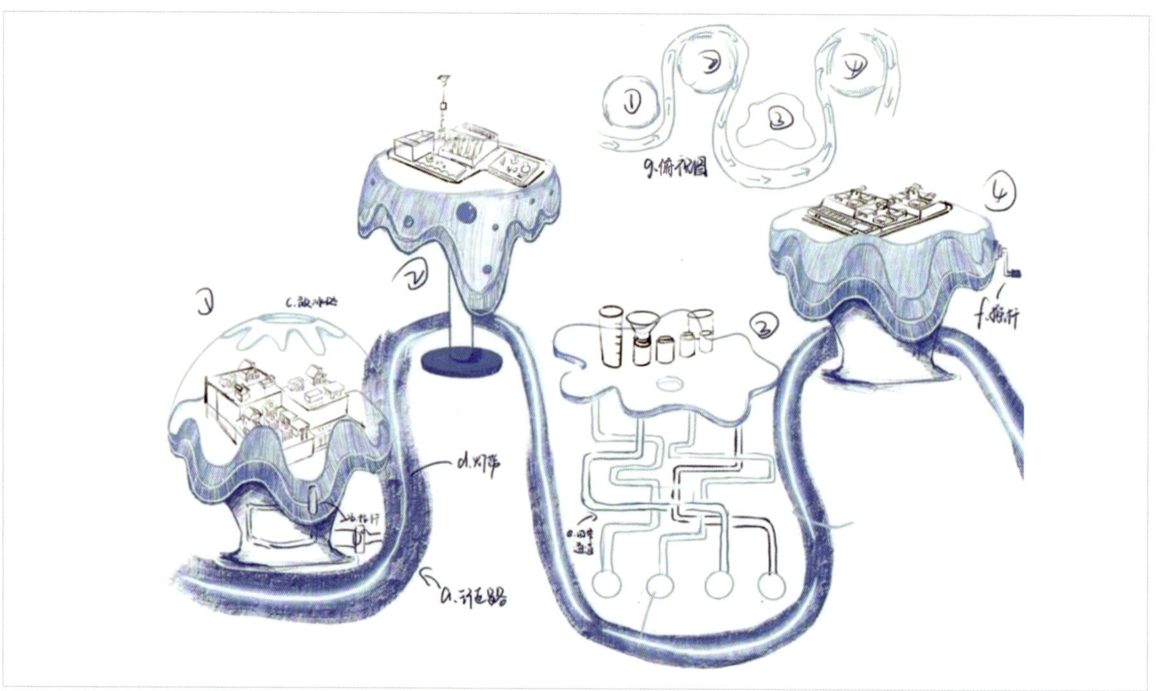

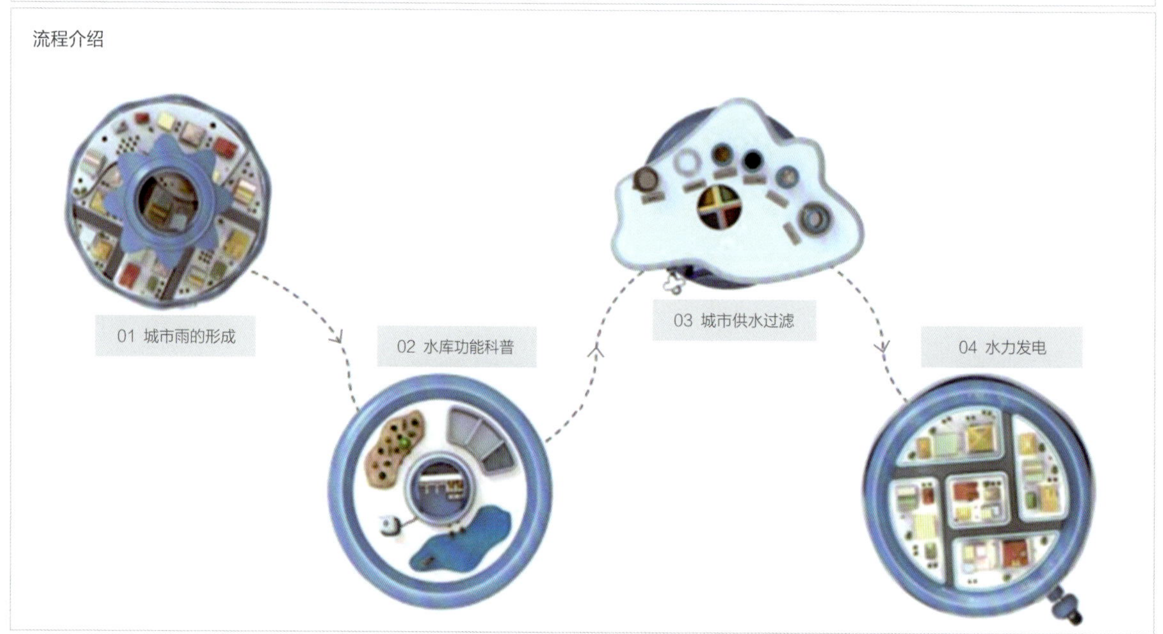

设计草图及推演

模块1　城市的雨场景展示

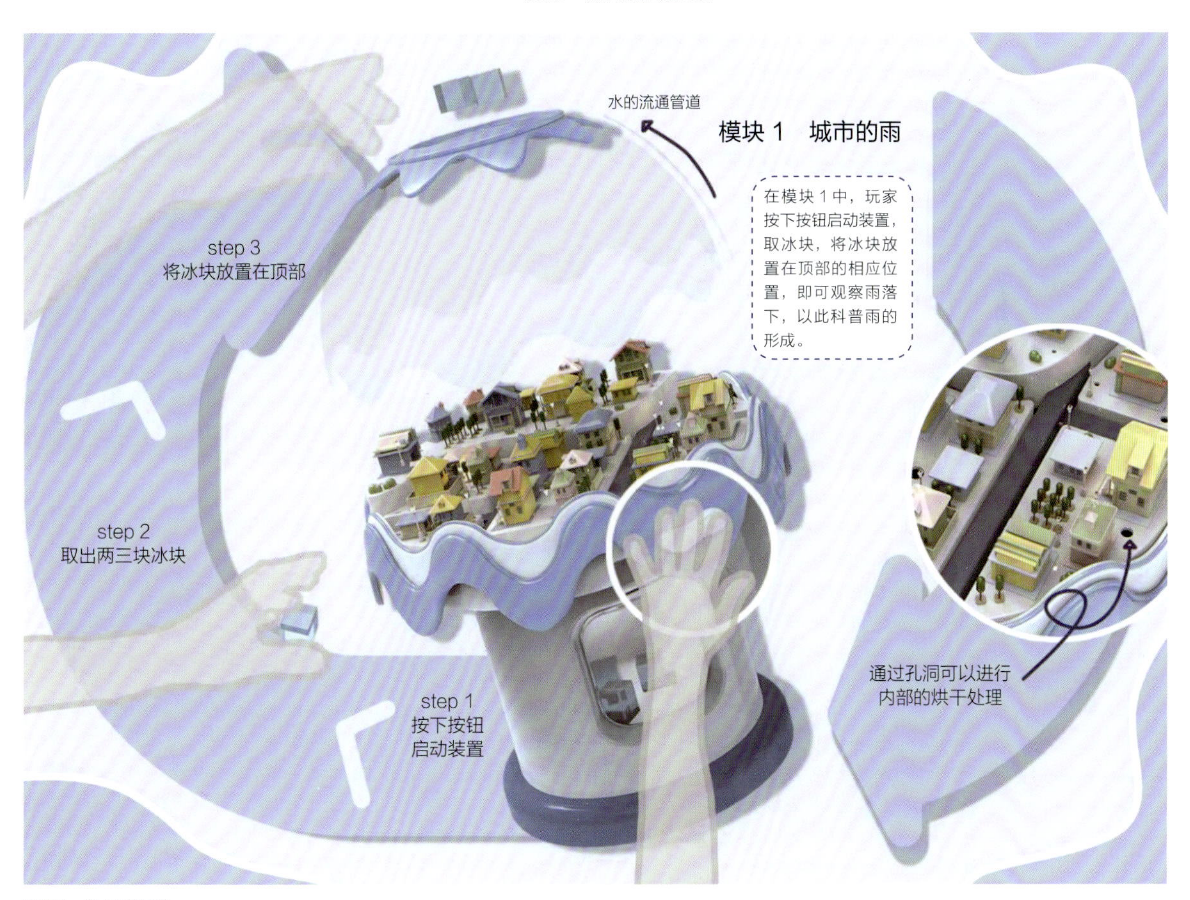

模块1　“城市的雨”

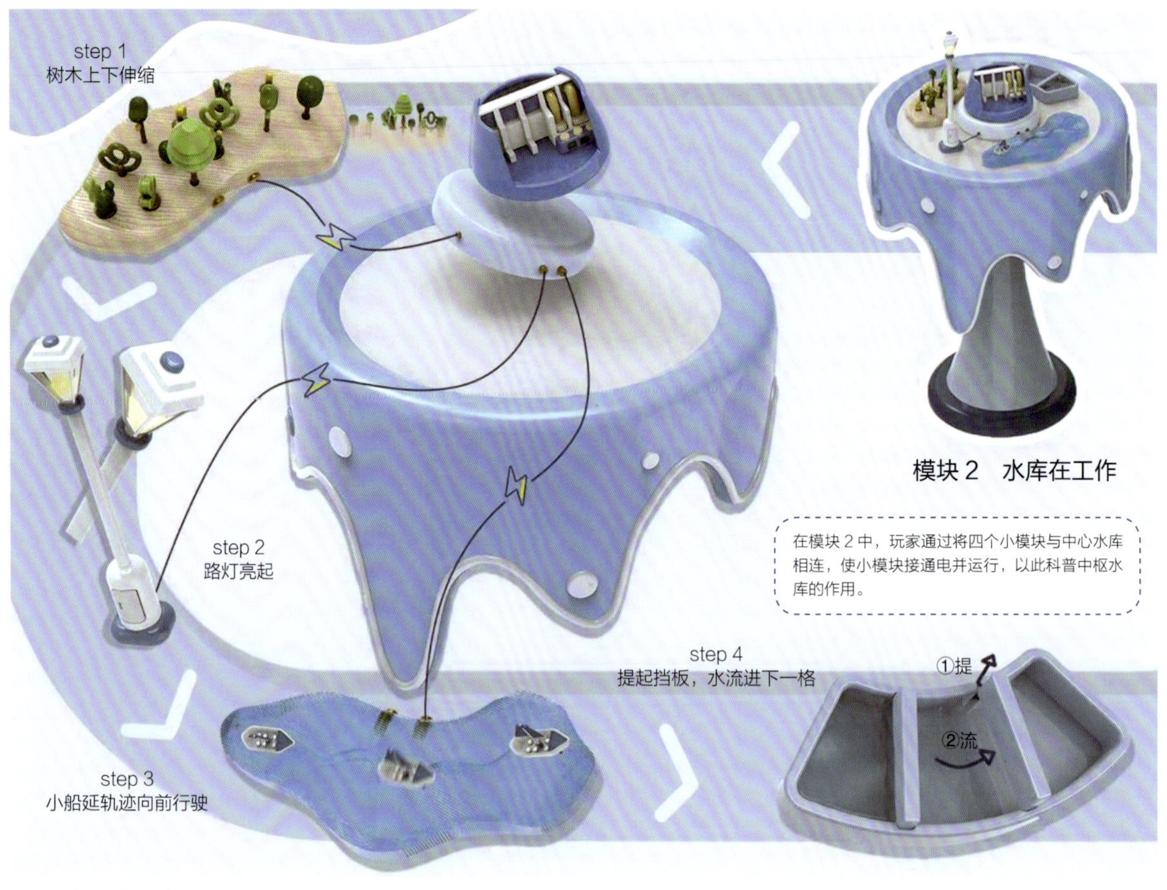

模块2 “水库在工作”操作流程

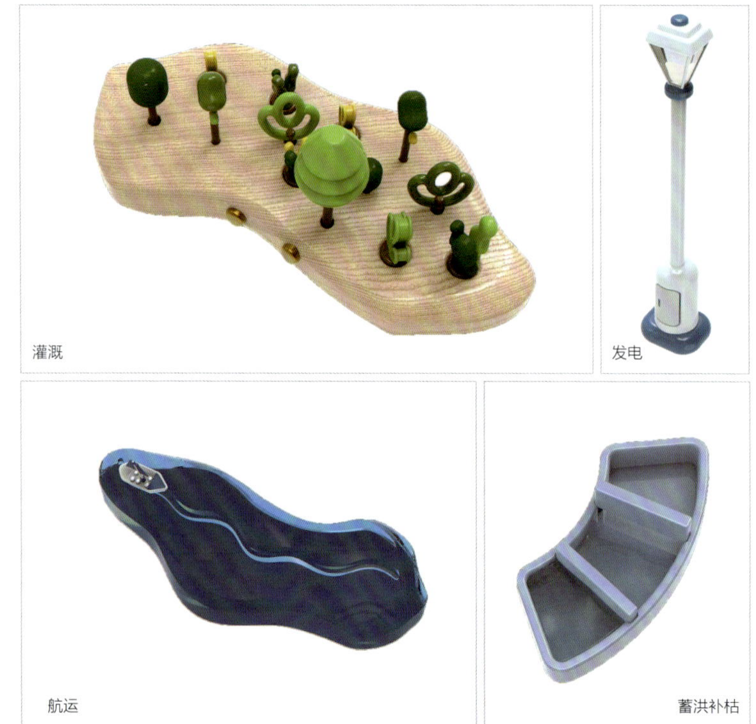

模块2 “水库在工作”细节展示

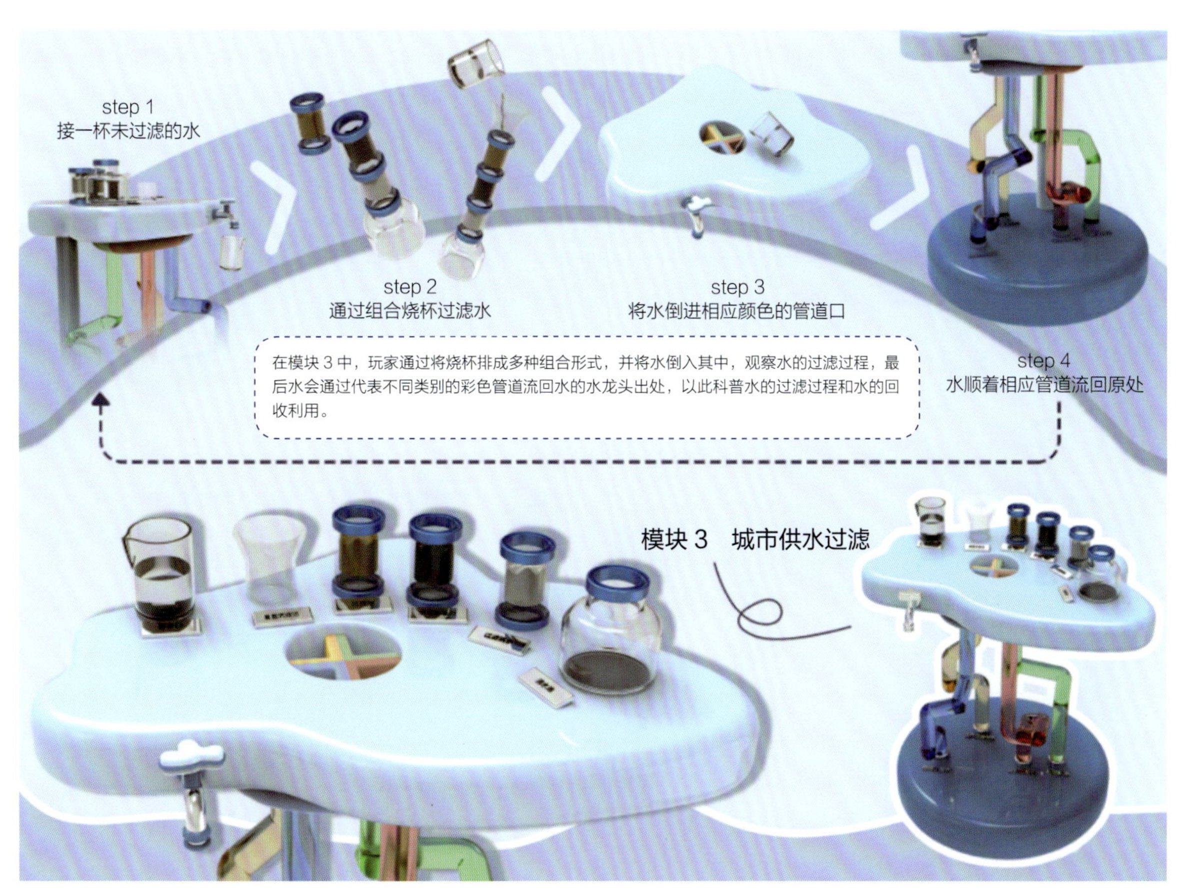

模块3 “城市供水过滤”操作流程

模块3“城市供水过滤”
细节展示——过滤装置

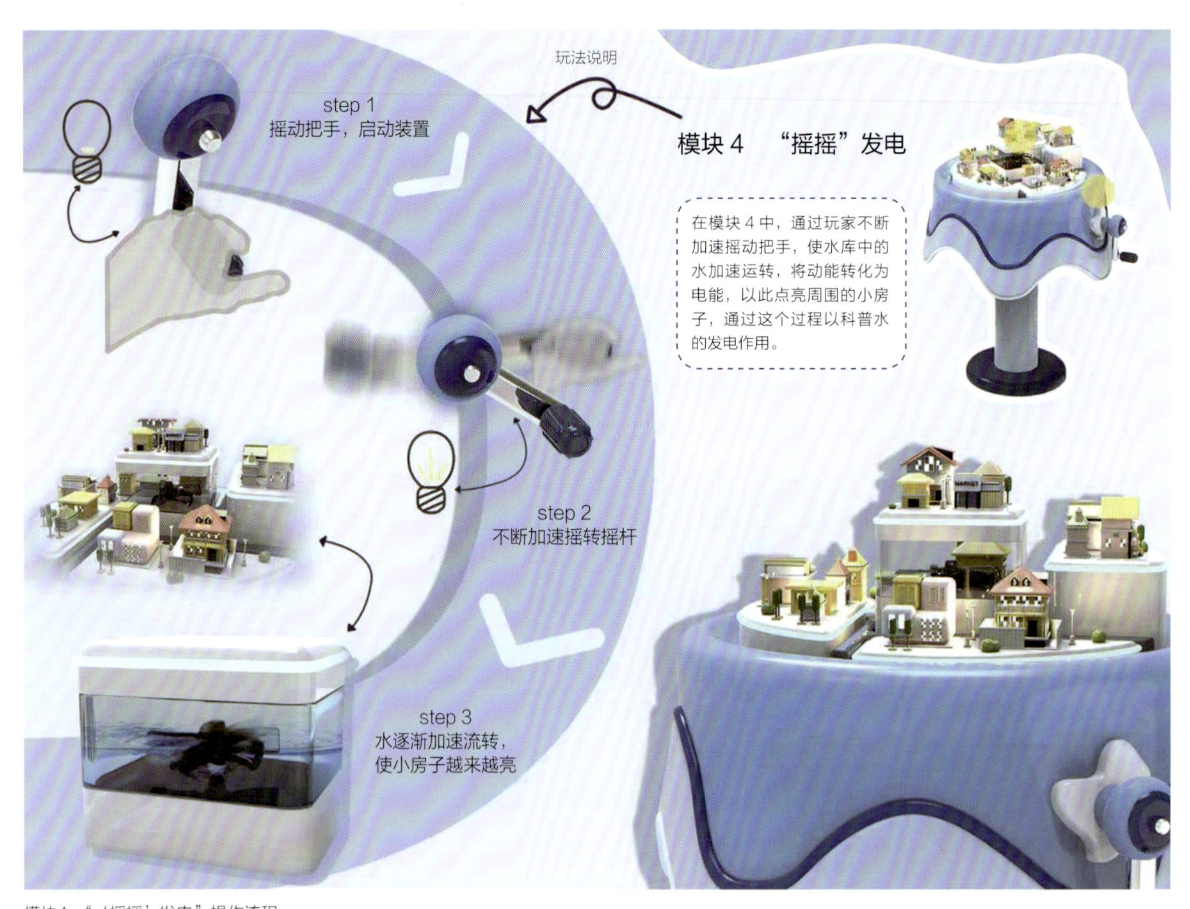

模块4 “‘摇摇’发电”操作流程

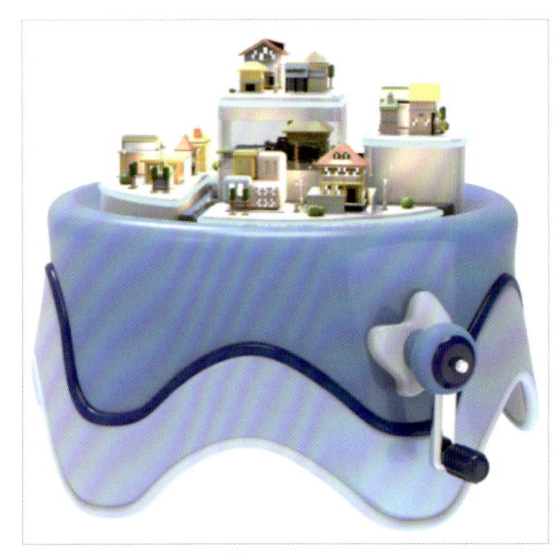

模块4 “‘摇摇’发电”细节展示

模块4 房子细节展示

“送海洋动物回家”
科普馆玩具设计

设计关键词：
科普
玩具设计
文创衍生品

“送海洋动物回家”科普馆玩具将被放置于海洋科普馆中，作为一款倡导“保护海洋生物，不要乱丢海洋垃圾”理念的科普玩具。来馆参观的小朋友可以通过该玩具进行互动游戏。在玩耍过程中，小朋友需要手动操作控制杆，使海洋生物球避开海洋垃圾，成功回到海洋。“送海洋动物回家”科普玩具不仅有用于科普馆的大型互动玩具，也有同款小型玩具（可在线下商店购买），方便小朋友将其带回家中玩耍，以加深孩子们不乱丢海洋垃圾，破坏海洋环境的理念。在此基础上，还研究设计了科普文创产品与其衍生品。

创新设计思考

“送海洋动物回家”科普玩具为立体的结构形式，并在面板上设计了海洋与沙滩的图案。面板上不仅有椰子树、小海星、小贝壳等动植物装饰图案，还有造成海洋污染的各类垃圾（游戏陷阱），如塑料袋、石油、渔网等。海洋生物球设定了小章鱼、小螃蟹、小海豚、小乌龟四个海洋动物形象。通过转动船舵造型的摇杆，控制救生圈送海洋动物回家，并躲避海洋垃圾陷阱。玩具下方有计时按钮，计时功能可提升游戏的竞技性。

小章鱼、小螃蟹、小海豚与小乌龟四个海洋动物形象

“送海洋动物回家”海报，展示使用方式

正确球收集处（出洞口）

失败球收集处（储球处）

球掉入海洋垃圾陷阱

救生圈运输

计时按钮

摇杆

终点处

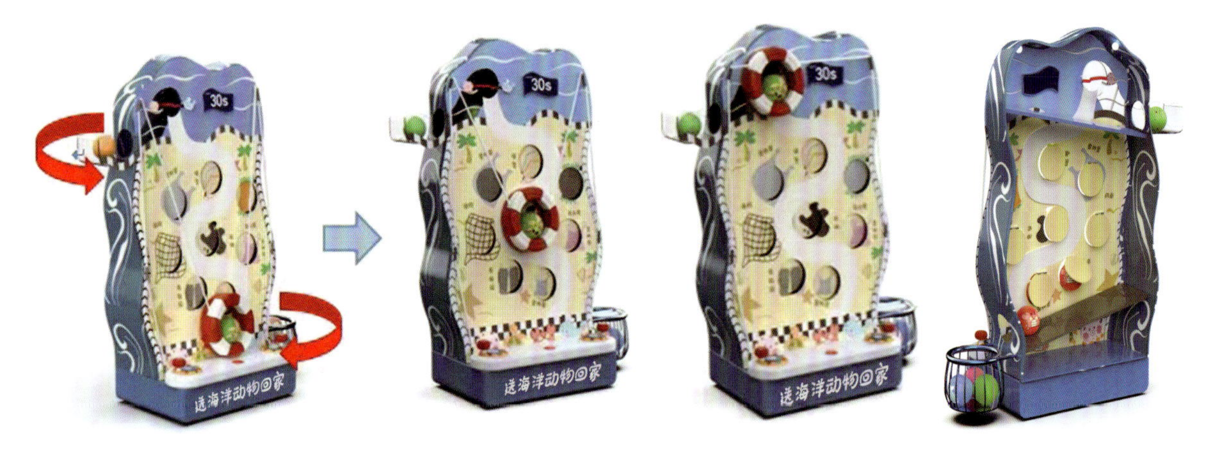

通过摇杆的控制，运输海洋动物球的救生圈被拉起，开始向上运动，将球送入最上方的海洋入口处即成功。

文创衍生品——海洋动物小徽章

同款小型玩具

“季趣友时”
模块化玩具设计

设计关键词：
文化科普
二十四节气
玩具设计

“季趣友时”模块化玩具是一款科普优秀传统文化知识的新型模块化儿童玩具。通过对二十四节气及儿童玩具的相关设计研究，进一步探究文创产品设计的方向，根据现代儿童玩具发展趋势，将传统文化与现代玩具结合，实现科普玩具的创新设计。以传达优秀传统文化为基础，在趣味性、操作方式等方面进行研究与创新，采用模块化设计形式，实现儿童在娱乐中学习、在动手过程中了解中国传统文化的魅力，激发儿童对传统文化的兴趣。

“季趣友时”模块化儿童玩具设计

文化来源

二十四节气，是古代先人顺应农时，通过观察天体运行，认知一岁中时令、气候、物候等变化规律所形成的知识体系。二十四节气基本概括了一年中四季交替的准确时间，以及大自然中一些物候等自然现象发生的规律，它始于立春，终于大寒。经过历史的发展，二十四节气不断改进，渐渐地成为我国农历纪年的一个重要部分。在国际气象界被誉为“中国的第五大发明”。

创新设计思考

“季趣友时”模块化玩具设计采用组合的设计方式，将卡片故事机与积木组合在一起。创新功能设计为卡片故事阅读及积木搭建，从视觉、听觉、嗅觉、触觉四个维度完成产品体验，使儿童从四个维度加深对二十四节气文化的了解，形成初步的认知意识，为以后深入地学习培养初步的兴趣。卡片与积木的结合，是在二维的基础上将儿童感知转化至三维层面。在结构功能上，将小型香薰机与故事机进行结合，增加嗅觉方面的感受。为增加产品的趣味性而设定的IP形象，其造型设计以节气划分为灵感，一个季节内平均有六个节气，因此IP形象设计为六面体造型的小人物，寓意六个节气为一季，彼此联系，循环往复。产品配色的依据主要是节气中动植物等的自然配色。春天以绿色调为主，夏天以红色调为主，秋天以黄色调为主，冬天以蓝色调为主。

设计草图

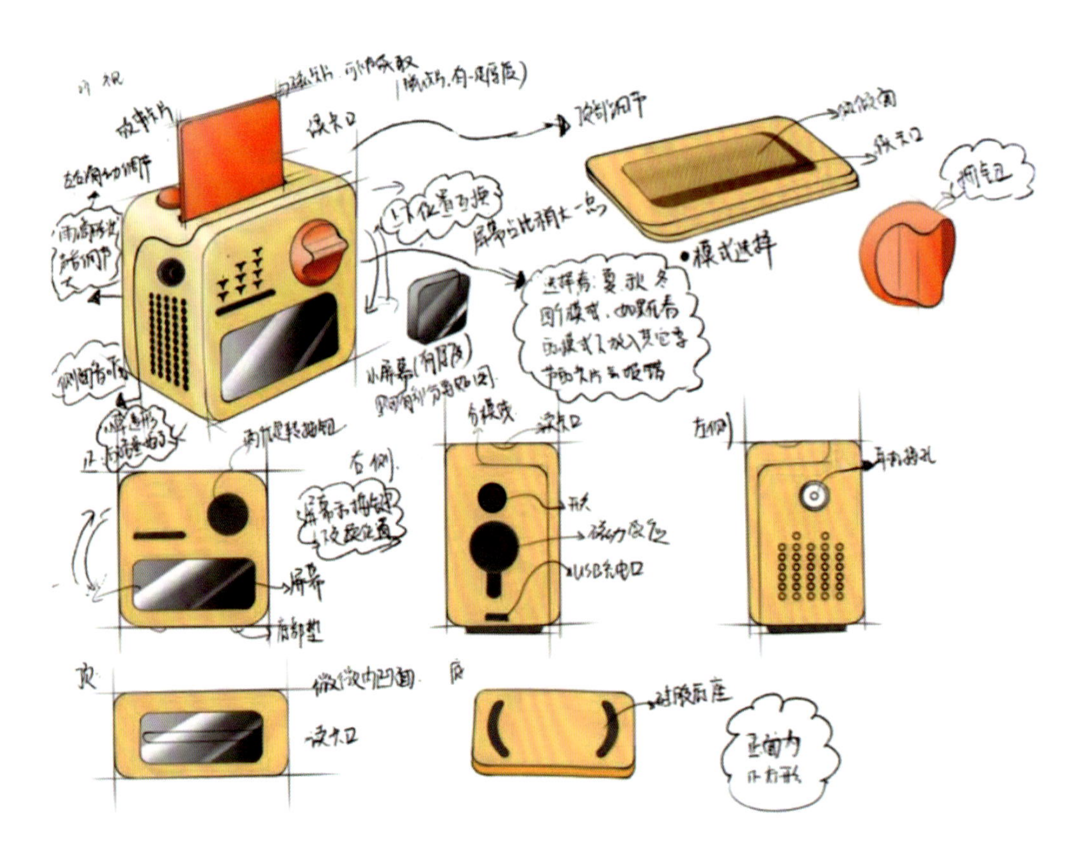

功能介绍

卡片故事机与积木两个产品既可以结合使用，也可以分开使用，能够带给孩子二维层面的科普知识，同时给予他们三维层面的具象感受。故事机开机后，儿童可自主进行模式选择，分别有春、夏、秋、冬四个模式，然后将存储二十四节气知识的卡片放入故事机中。若在春的模式下放入了夏季的节气卡片，这时会有错误提示反馈，反之，卡片与模式对应正确，就会开始播放相对应的节气故事与知识，屏幕上同时会呈现出节气所对应的物品，例如，惊蛰节气时会有吃梨的习俗，在选择惊蛰这个节气卡片时，屏幕上会呈现梨的造型，同时会有气味散出。

卡片故事机部分配色图

卡片故事机屏幕显示内容，帮助小朋友认识节气，完成立体积木搭建

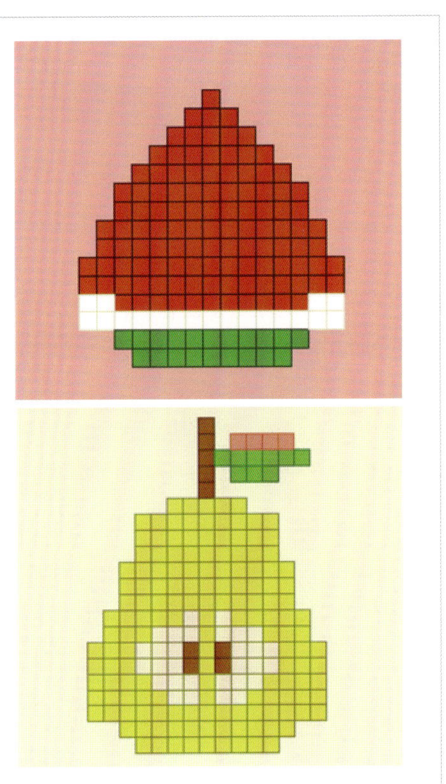

智能积木结构（以正方形积木块为例）
内置蓝牙电路板
春薰香
夏薰香
秋薰香
冬薰香
春分
3.20
磁卡片
内部储存节气信息
屏幕电路板
耳机孔
护眼屏幕
旋钮
调节音量大小
音响孔

卡片故事机结构

玩法说明

 + 

1 开机后选择模式

2 放入卡片

时节对应错误，出现提示，并根据提示换卡片。

时节对应正确，开始播放故事。

不同季节对应不同香薰味道，感受更直观。

屏幕出现对应物品，儿童根据画面进行积木的搭建。

小树生长。

3 智能模块传输信息，记录积分，兑换奖励

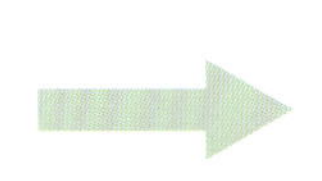

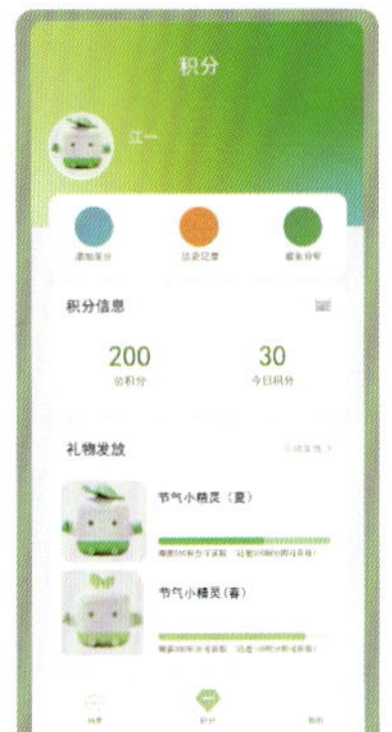

使用流程展示

STRAWBERRY

荣获2022年第十届未来设计师·全国高校数字艺术设计大赛省级三等奖

城市文旅创意产品设计

“云游西湖”数字化云文创及系列衍生品设计

设计关键词：

城市旅游
插图设计
云文创
文创衍生品

“云游西湖” 数字化云文创及系列衍生品设计，是数字技术与互联网信息结合的“云旅游”，将西湖十景中的“雷峰夕照”“三潭印月”“南屏晚钟”“断桥残雪”四景通过线上H5形式进行地理位置、文化、历史等方面的展示，线下配套系列海报与文创衍生品设计，实现线上线下相结合的“云游”文创概念。本设计只选用西湖十景中的四景，后期可以根据项目的实际需求展开对西湖其他景观的进一步研究与设计。

文化来源

“三潭印月”作为“西湖第一胜境”，其特色建筑是三座塔身球状、顶呈葫芦形的石塔。塔身中空，周围有五个圆孔，每当皓月当空，塔内点烛，洞口蒙上薄纸，烛光从中透出，印在湖面，宛如有许多小月亮，与倒映在湖中的明月相映，景色十分迷人。

“雷峰塔”位于西湖南岸，因晚霞镀塔，如同佛光普照而闻名。其建筑特点是塔台基以下为两层，平面呈八角形。台基周边，装饰有汉白玉雕制的石栏杆。台基以上，塔身耸立，各层盖铜瓦，转角处设铜斗拱，飞檐翘角下挂铜风铃，风姿优美，古色古韵。

“南屏晚钟”指南屏山净慈寺傍晚的钟声，南屏山在杭州西湖南岸、玉皇山北，九曜山东。碑亭建筑特点是飞檐斜翘，顶部为葫芦状。

“断桥残雪”中的断桥一端跨着北山路，另一端接通白堤。在西湖诸多大小桥梁中，它的名气最大。当代诗词大家厉声教曾留下《断桥春草》一诗。这里也是《白蛇传》中许仙与白素贞再续前缘的地方。桥的东北有碑亭，内立“断桥残雪”碑。

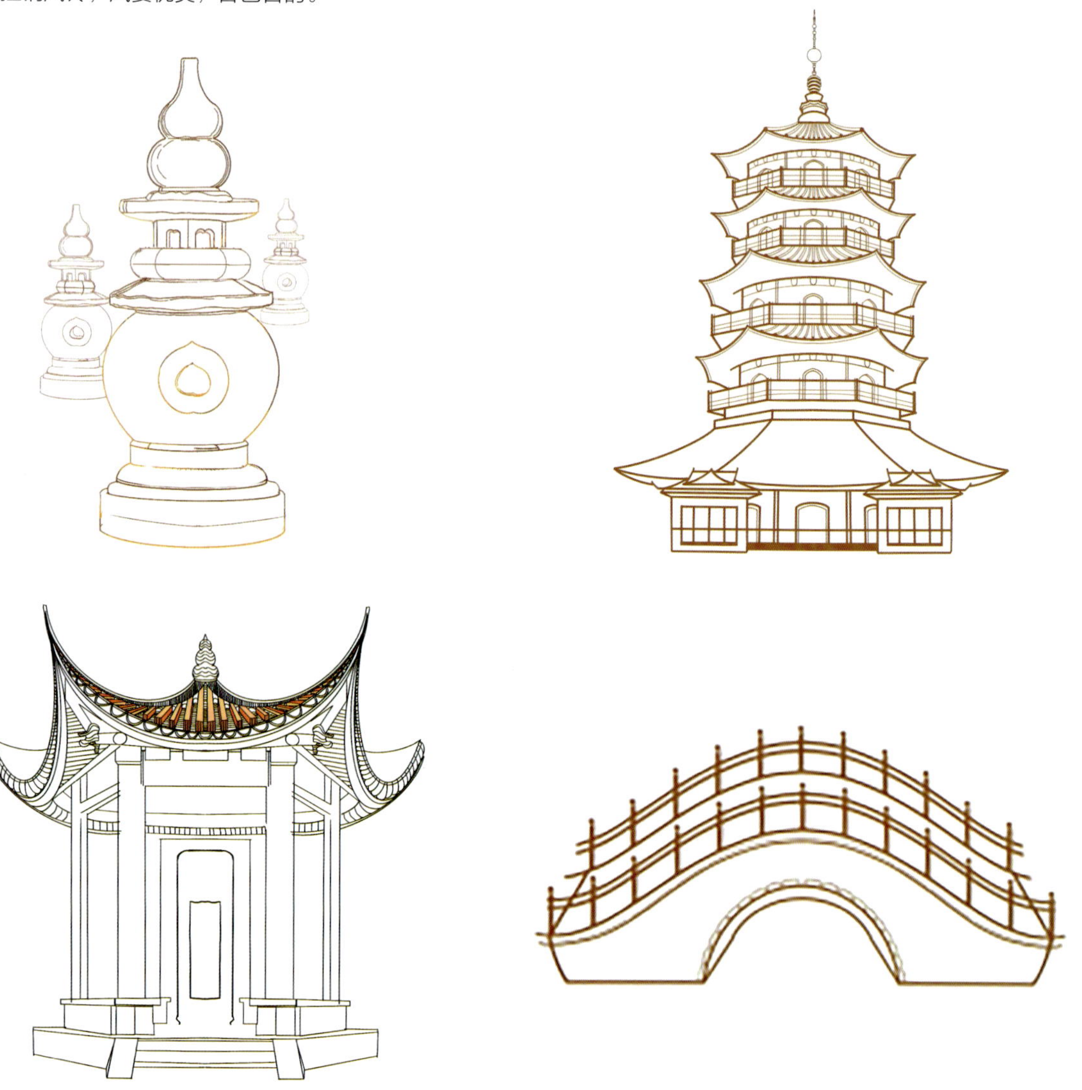

根据西湖“三潭印月”的塔、雷峰塔、“南屏晚钟”碑亭、“断桥残雪”的断桥建筑特点，完成插画草图设计

创新设计思考

“云游西湖”系列以插画创作展开文创设计思路，插画内容以西湖十景中的“三潭印月”“雷峰塔”“南屏晚钟”“断桥”为主要元素，采用竖式构图，风格上运用肌理与写实的表现形式；色彩上采用国潮风的暖色调为主色进行创作，烘托出西湖景色宜人的特点。画面中心放置建筑主体，下方添加具有中国特色的云纹、水纹，以及常年出现在西湖边的白鹭等图案，使四处西湖名胜在插画中跃然而出。提炼出四个场景的正负图形符号化插画，将之应用于系列文创衍生品及包装设计。

完成“三潭印月”“雷峰塔”“南屏晚钟”“断桥”插图设计

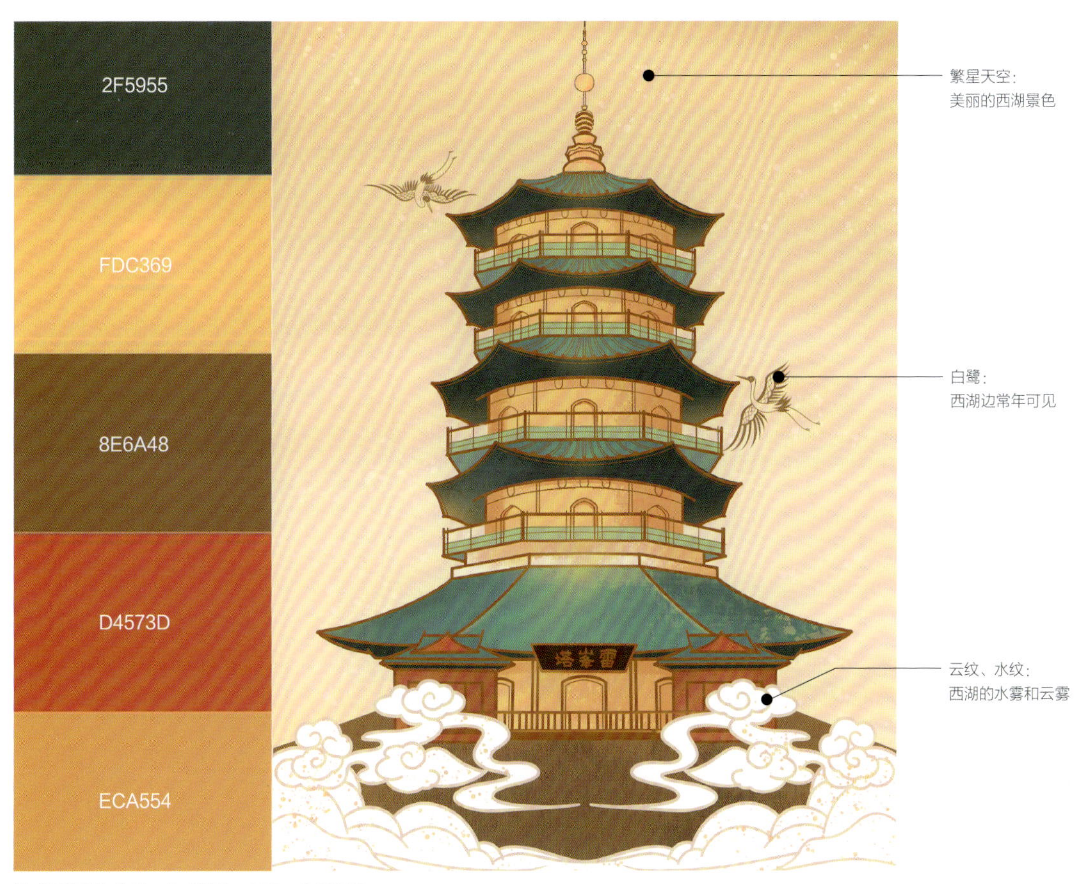

以“雷峰塔”为例，完成图案、元素、色彩设计

根据四个标准性的建筑形象，进行正负图形符号化插画设计1——应用于系列衍生品及包装设计

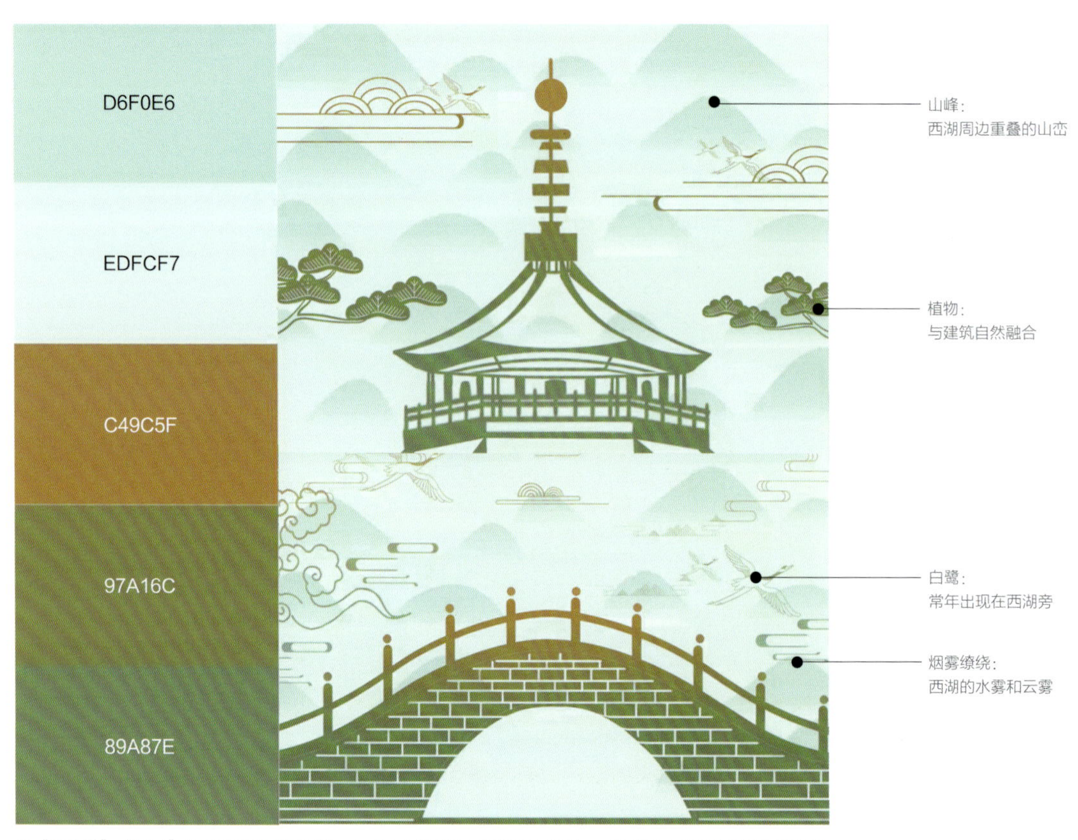

以“雷峰塔”“断桥”为代表设计西湖景象，完成正负图形符号化插画设计2——应用于系列衍生品及包装设计

在“云游西湖”数字化云文创线上展示方面，人们可扫码进入H5页面：伴随着悠扬的背景音乐，映入眼帘的是云游西湖的Logo；点击画面会出现地图展示；滑动页面便会顺序播放“雷峰塔”“三潭印月”“南屏晚钟”和“断桥”的插画及历史介绍。“云游西湖”系列线下文创衍生品包括旅游图册、笔记本、钢笔、徽章、邮票、手提袋、折扇、手机壳、金属书签等产品。

游客可以通过手机端扫码进入H5页面，浏览西湖地图，了解不同景区的历史、文化

“云游西湖”地图为中部圆形镂空造型，采用风琴式的折页形式，主要介绍了西湖十景的地理位置、文化和历史，地图内也展示了H5界面的二维码，给予游客愉快的云旅游体验。笔记本、钢笔、帆布包等文创衍生品通过系列插画图案和醒目的“云游西湖”Logo，让西湖的景象得以留念，并融入日常的生活、学习中，提升旅游纪念品的美观性与实用性。

“云游西湖”西湖旅游纪念品设计——镂空造型折页地图设计

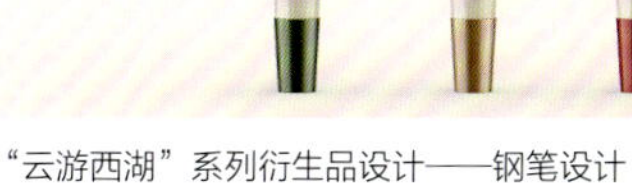

"云游西湖"系列衍生品设计——钢笔设计

"云游西湖"系列衍生品设计——纪念邮票设计

折扇、渔夫帽的设计为扁平化形式。断桥与雷峰塔顺着折扇圆滑的形状映入眼帘；渔夫帽的配色显得清爽又凉快。

"云游西湖"系列衍生品设计——折扇设计

"云游西湖"系列衍生品设计——渔夫帽设计

海洋文化悬浮灯具设计

设计关键词：
城市文化
外观设计
智能化产品

海洋丰富了大连的物产资源，并赋予了其独特城市文化气息。海洋文化悬浮灯具是基于大连城市海洋文化设计的一款智能灯具，旨在形象地传达出城市海洋文化的特点。加入智能化悬浮功能，为城市文化增添了无限的科技感，以此来表达新时代下大连的城市特征。该设计可以作为城市旅游纪念品及友好城市馈赠礼品等。

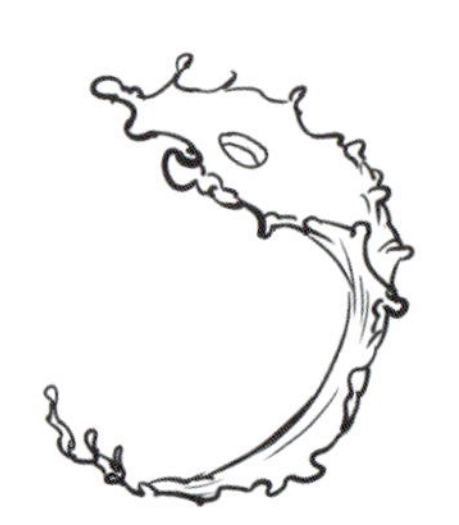

文化来源

坐拥黄海、渤海的大连，海岸线长达2211公里，具有得天独厚的海洋资源。历史文化、现代文化、移民文化、本地文化、陆地文化等多元素文化与大连海洋文化汇聚为独具地域风情的城市文化。源远流长、海纳百川、有容乃大，海洋以自己独有的特点，造就了大连城市宽广、包容的胸怀。海浪激起翻滚的浪花，优美的曲线悦动、多姿，与大连“浪漫之都”的气质相得益彰。“夫源远者流长，根深者枝茂。”文化是城市发展的灵魂与血脉，经过千百年来的发展，美丽的海岸线赋予了大连独特的海洋气质，海洋文化是沉淀在滨城人民心中的宝贵精神财富。

创新设计思考过程——融入流动、时间、海洋的创新设计概念

创新设计思考

设计中的文化元素取自海洋文化中的波澜不惊、圆润包容，将其形态语义和文化内涵应用于灯体造型设计中，实现造型与语义双关联的智能化产品设计，传递贴近自然、包罗万象的生活态度。面朝大海，春暖花开，灯具所散发出的柔光如海风般“拂”过脸颊，人们在工作闲暇中享受惬意“海风”，享受着片刻的宁静。将灯球外部和内部设计为不规则跳动式的水花造型，体现自由空灵之感；外部整体看来如同一滴水的形状，体现包罗万象之意。灯球材质选择了玻璃材质，悬浮底座处使用拉丝金属材质，使得整体更加时尚，具有科技感。在色彩搭配上以蓝白透明色为主，象征着大海一碧万顷。

灯具造型设计研究

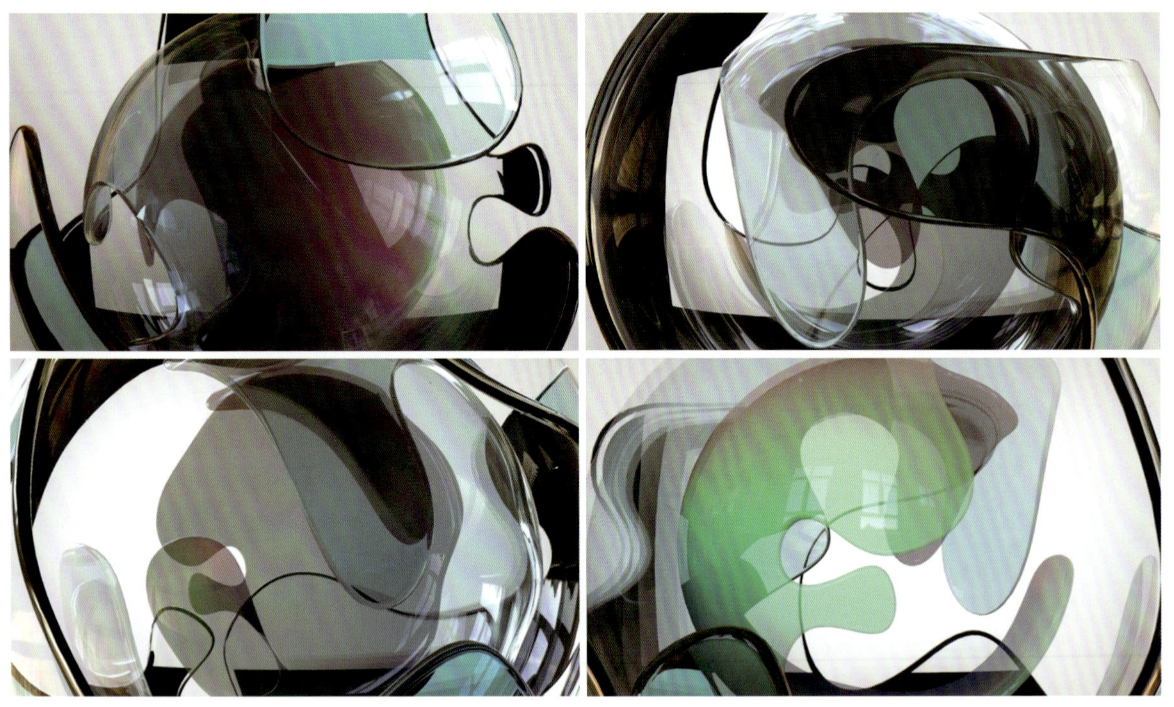

选用层层包裹的海浪形态完成灯具的基本造型设计

功能介绍

海洋文化悬浮灯具设计将智能化科技与文创相结合。使用时启动灯具开关，受电磁力的影响，灯球呈现漂浮状态，同时，大、中、小三层球状“波浪”以不同方向做不规则旋转，呈现出不同的光影效果，可以映射出海洋波浪的千变万化。产品底部设有充电口，因此可移动使用。

日间模式

“海有趣”城市文旅创意产品

设计关键词：
城市文旅
IP 形象
文创衍生品

“海有趣”是大连文化企业大连东方视野文化传播有限公司的自主品牌，主要致力于城市历史文化的传承及以海洋趣味文化为主进行一系列文创设计。“海有趣”，立足于大连的海洋城市特质与百年历史文脉，定位为“城市文创潮礼”。取名寓意在于，充分挖掘和展示海的趣味性。“海”不仅代表大连海洋城市特色，在东北话中，亦是“很多”的意思，表达这里有很多有趣的产品和创意值得关注，也标志着开发大连文创产品以海洋文化IP为主，是能为生活带来乐趣的美好见礼。品牌旗下系列文创产品包括：以海豹斑斑为IP形象的文创衍生品、城市系列、中山广场系列、心槐大连系列、贝海奇境系列、海趣连连系列、自然知物系列、记忆大连系列等文创产品等。

以海豹斑斑作为IP形象进行了一系列的文创设计，将“中华斑海豹”形象和意义迁移至“大连斑海豹”，通过全方位的宣传推广，让人们一提起中华国宝动物斑海豹，就记起大连，一说起大连，就想起斑海豹！斑海豹的知名度，会让大连海洋城市形象自动置于全球视野的焦点。斑海豹用其憨态可掬的外表和可爱的举止博得了大家的一致喜爱，让我们一起来接收一波甜蜜可爱的“豹击”吧！

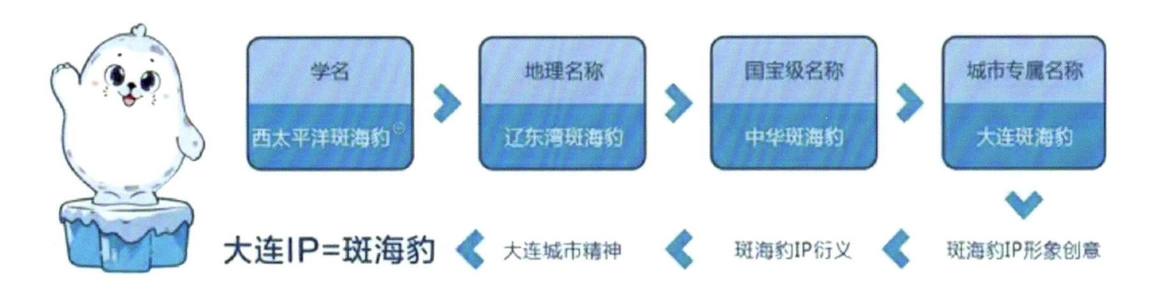

将“中华斑海豹”形象和意义迁移至“大连斑海豹”，通过全方位的宣传推广，让人们一提起中华国宝动物斑海豹，就记起大连，一说起大连，就想起斑海豹！斑海豹的知名度，会让大连海洋城市形象自动置于全球视野的焦点。

㊀ 在2021年新调整的《国家重点保护野生动物名录》中，斑海豹被更名为西太平洋斑海豹。

“抱个萌墩”
毛绒玩偶
東方視野
ORIENTAL VISION
海有趣
大连文创潮礼
海豹斑斑
BANBAN

“来捏我呀”
解压玩偶

可爱
卖萌

海豹斑斑
BANBAN
大连文创潮礼

给我一个
爱的抱豹

“海有趣”中山广场系列

中山广场，是大连市历史最悠久的广场。十条宽敞的道路以广场为中心向外辐射，道路之间呈环形排列着古典主义风范的欧式建筑，历尽洗礼与沉淀，饱含岁月与深情。

海右趣
大连 | 城 | 市 | 文 | 创 | 潮 | 礼
一起逛 爱大连

“海有趣”海趣连连系列——城市风光立体台历

从辽东湾的斑海豹栖息地到星海湾的贝壳博物馆，从大连港的百年灯塔到动物园的浪漫之星摩天轮。“海有趣”融入对浪漫大连的美学理解，定格海天之际的唯美瞬间。

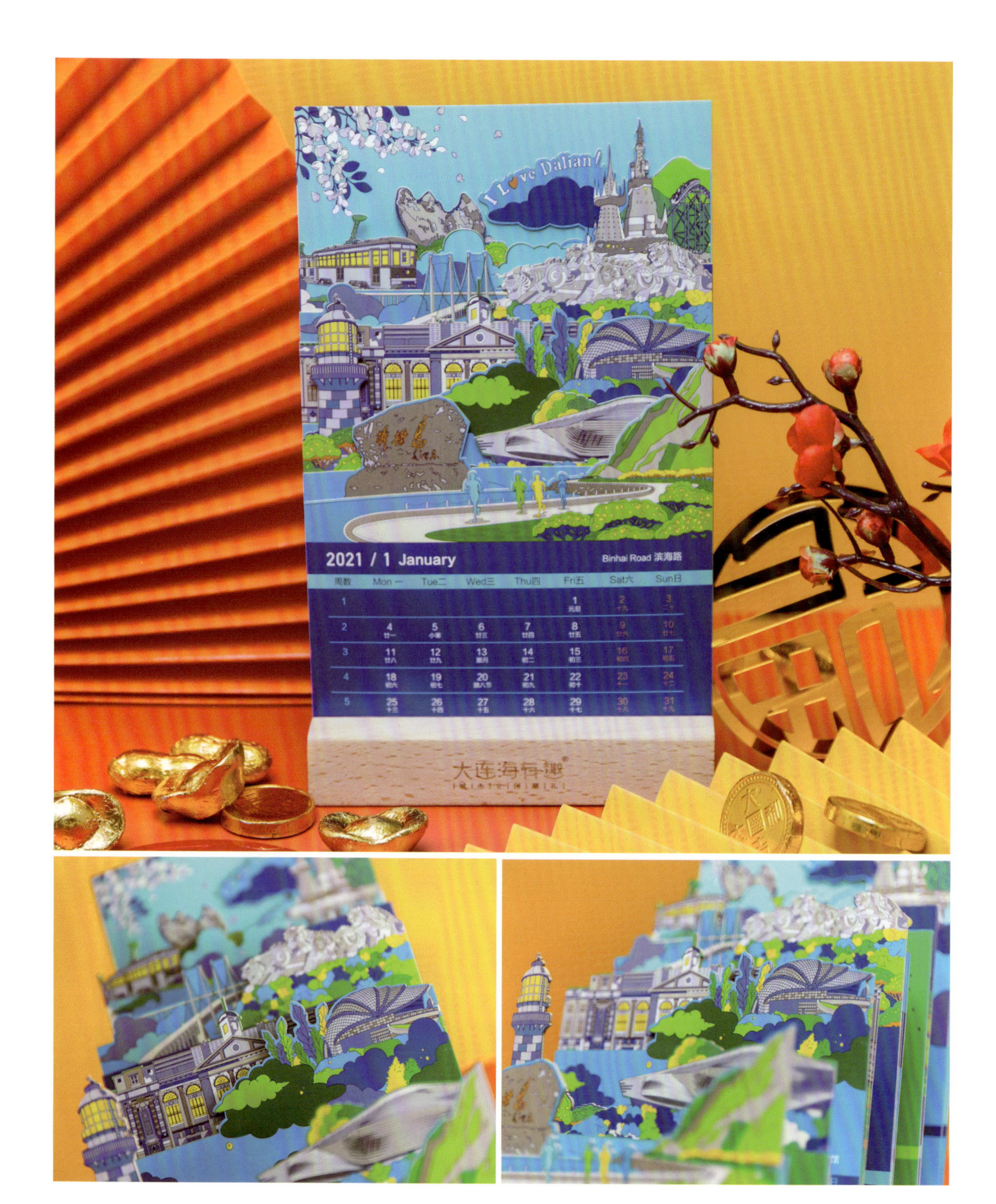

“海有趣”记忆大连系列

大连的建筑文化荟萃各个建筑流派的时代光辉。由团队设计师手绘创作的记忆大连系列文创产品，以大连的地标性建筑作为设计主题，凝聚光影流转的百年记忆，具有浓郁的历史厚重感。

Set sail, to the direction of the dream

校园视错觉插画及衍生品文创推广设计

校园视错觉插画及衍生品文创推广设计项目以推动宣传大连交通大学优秀形象和增加学校知名度为目的，通过对大连交通大学的历史背景、标志建筑等的深入研究，提取校园特色元素，进行具有现代视错觉美感的文创产品设计。设计采用视错觉构成插画表现形式，综合动态视觉、色彩冲击等多种展现方式，表现大连交通大学的独特魅力。

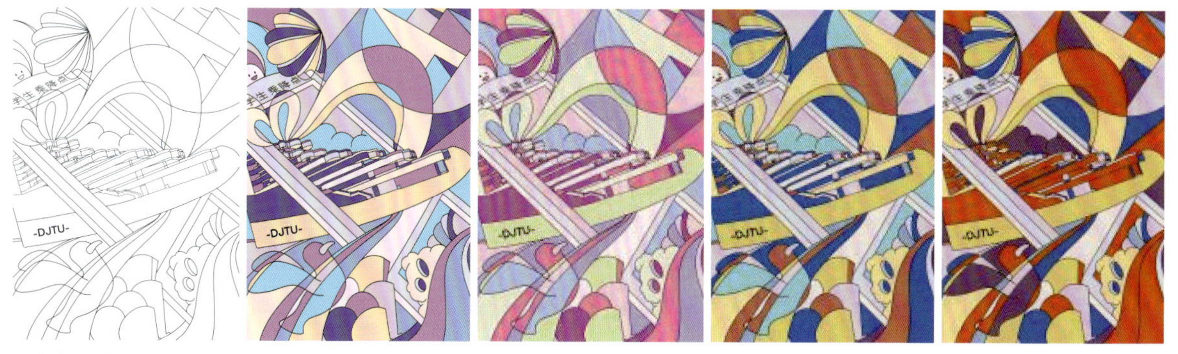

设计过程：线稿——颜色选择——确定最终颜色——图案细节添加

视错觉主题创作
——“追逐”

将校园特色建筑贝壳楼与鞋子结合，采用图案同构方法，利用鞋带为线索，使之贯穿画面元素，并以色调的对比营造强烈的视觉冲击力。寓意校园承载着万千交通大学学子的梦想，勇敢突破，迈向未来。

视错觉主题创作
——“托起”

用校园中的教学楼与海浪元素、托起的手臂元素构成画面，寓意大连交通大学用爱托起知识，让莘莘学子在校园内感受愉快的学习生活，即便会有大风大浪，校园永传教育使命，托起学生光明未来。

视错觉主题创作——“遨游”

“遨游”是一幅仿佛观者在知识与艺术的海洋里尽情遨游的画面，想象力与创造力并存于画面之中，寓意校园注重人才培养，让学生在知识与艺术的海洋中不断拓宽想象力与创造力。

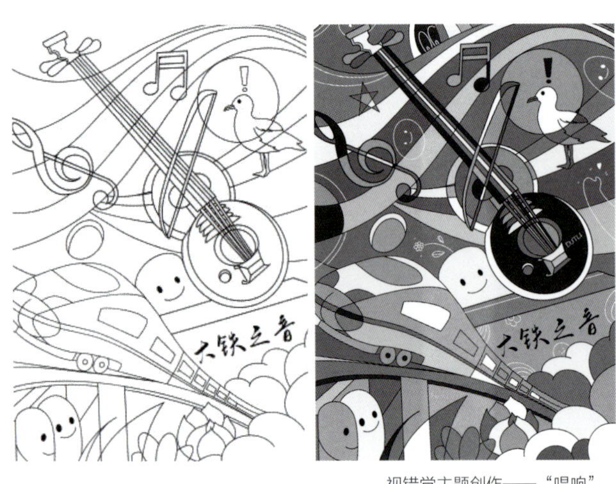

视错觉主题创作——“唱响”

将五线谱与高铁、轨道、电路等校园专业特色元素融入画面中，进行同构创作，用看似简单的线条贯穿整个画面，律动感十足。寓意演奏美妙的“大铁之音”，唱响校园文化。

NOTE BOOK
2021
大连交通大学
大铁之音
6月
毕业快乐
15
JUNE
DALIAN JIAOTONG UNIVERSITY
DJTU
-DJTU-
2021届
设计展
2021.6.20
凭此票入场

校园文创衍生品设计

第三章 文创产品渲染技术及其应用

文创产品渲染技术

认识产品渲染技术

产品渲染是将设计模型通过计算机渲染程序来创建CGI（计算机生成的图像）。渲染所涉及的领域十分广泛，是设计当中不可或缺且至关重要的一个流程。但渲染在每个设计领域的侧重点有所不同，比如在产品设计中着重于阐述产品的CMF（颜色、材料、工艺）和使用场景，在室内设计中着重于体现光影变化与空间构成。设计作品创作过程大多都需要结合多个软件，比如2D软件（Photoshop、 Illustrator、 InDesign、XD等）、3D软件（KeyShot、Cinema 4D、 Blender等），当我们把这些软件设定规范为该作品所需输出设定（比如输出的分辨率、画面比例、输出格式、输出焦散等），且运作软件开始计算时，即为开始渲染，直到计算结束，设计作品形成，渲染即结束。

从设计渲染的角度看，三维渲染技术基于二维渲染技术发展而来，是在图形、色彩、文字、构图等因素的基础上加以延展，与此同时，三维的表现方式亦在空间层面上发展出更多的表达方式，如材料、工艺、光影关系、空间表达、运动模式等。随着数码载体的飞速发展，以平面为主的设计和以立体空间为主的造型设计，在渲染技术层面相互影响，设计文件格式的应用也更加多元化，进而实现了真正意义上的设计交融。从事平面设计工作的设计师往往需要塑造三维产品形态进行立体表达，从事三维设计的设计师也需要有更加敏感的平面审美眼光。基于此，渲染的要点和需求变得更加丰富，不仅要满足传统的产品展示的需求，还要结合繁多的应用环境以达到多元素的完美融合。

产品渲染的方式

产品渲染是展现产品的技术途径。从产品设计及效果应用角度来看，产品渲染可以分为空白背景渲染和场景渲染两种方式。空白背景渲染，以产品的CMF（颜色、材料、工艺）为重点，在纯白色背景上展示产品的整体效果或是爆炸结构效果；场景渲染，在颜色、材料、工艺及光影效果展示效果俱佳的同时，将产品放置于有助于展示其功能、使用方式、人机关系、产品尺寸、生产工艺、技术应用、产品价值的环境中。根据产品的特点选择展示方式及环境，通过场景渲染突出展现产品的特点，也是渲染过程中需要注意的。

产品渲染的策略

产品渲染要基于对设计工具的熟练运用，就如同要画出一幅好的画，作者首先要熟练掌握绘画工具的特点及应用方式。从最基本的产品展示说起，每个产品的渲染都必须要体现其结构、颜色、材料、工艺等内容。比如一个茶杯的渲染（案例1），需要体现它的形态、颜色（是蓝色调的还是红色调的）、材料（是陶瓷的还是金属的）、工艺（是光滑的还是粗糙的），这便是最基本的产品渲染需要的前期预判，这些设计语言对应渲染软件中的表达语言。此外，对比实物，还需要刻意安排光影关系来强调产品的结构、体积感、表面质感，这些可对应使用渲染软件中的照明功能来表现。

案例1

借助场景渲染，搭建场景将产品的使用环境、使用方式、产品尺寸及人机关系等加以展现。在该场景中，除了已经涉及的产品造型及CMF，还可以获取更多的信息，如案例2的智能口罩使用人群、使用方式、人机关系等，从这一张渲染图中可以得到相对丰富的信息。在操作过程中，使用场景可以为一张背景图片，根据背景图片调整渲染角度、光影关系，通过Photoshop来完成产品的场景渲染效果。如果不能找到完全匹配的背景图片，可以在建模软件或是KeyShot等渲染软件中搭建特定场景。在KeyShot中通过摄影的方式进行照明和构图，如同在现实中搭建场景并拍摄。随着建模软件技术的不断成熟，场景模型的搭建变得越来越便捷，我们可以从资源库中选择与产品设计相关的场景模型，将场景模型导入KeyShot等渲染软件中，调整场景模型的位置、角度、大小、方向，使场景模型能够与主体模型契合。设计者可以根据产品的情况，展示该产品具有代表性的特征及效果。

案例2

除此之外，有些产品设计的关注点在于心理价值或者情感价值，比如品牌产品的设计。在这种情况下，往往需要在渲染时，着重体现产品的价值定位及品牌的价值定位，比如奢华、活力、质朴、复古、科技、温暖、静谧等。每个产品的设计都有自己的聚焦点，根据设计的聚焦点来制定不同的渲染方案是渲染的根本要求。

文创产品渲染案例讲解

“乐埙”香薰音响渲染案例分析

1）在进行产品渲染工作开始前，可先在建模软件（如Rhino）中将3D模型调整为预期的图层与色彩方案，以节省在渲染软件中调试的时间。

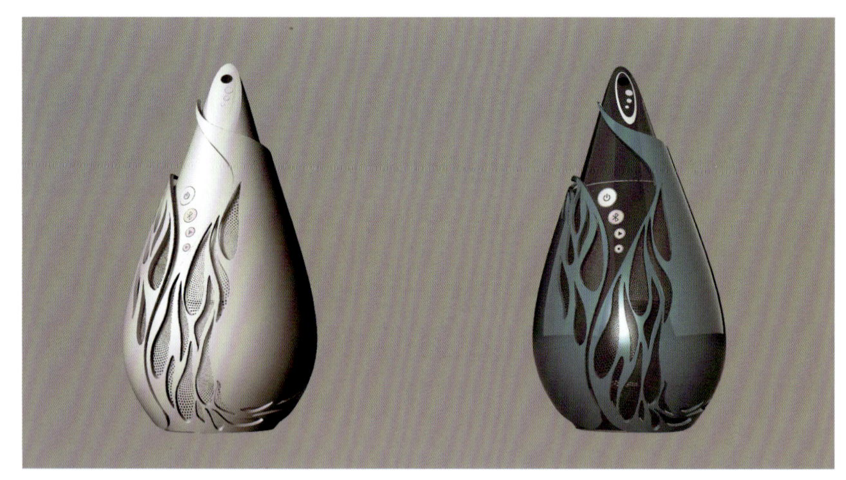

在Rhino建模软件中调整色彩方案

2）启动KeyShot，通过菜单中“文件”→“导入”；预设产品主体为玄黑色反光塑料材质，外壳为青色磨砂材质，旋钮按键为金属材质，选择适合的环境光线进行表达。通过“环境（Environment）”选项，进行HDRI㊀环境的选择，筛选软件自带的室内、室外、工作室照明等环境选项（见下图）。

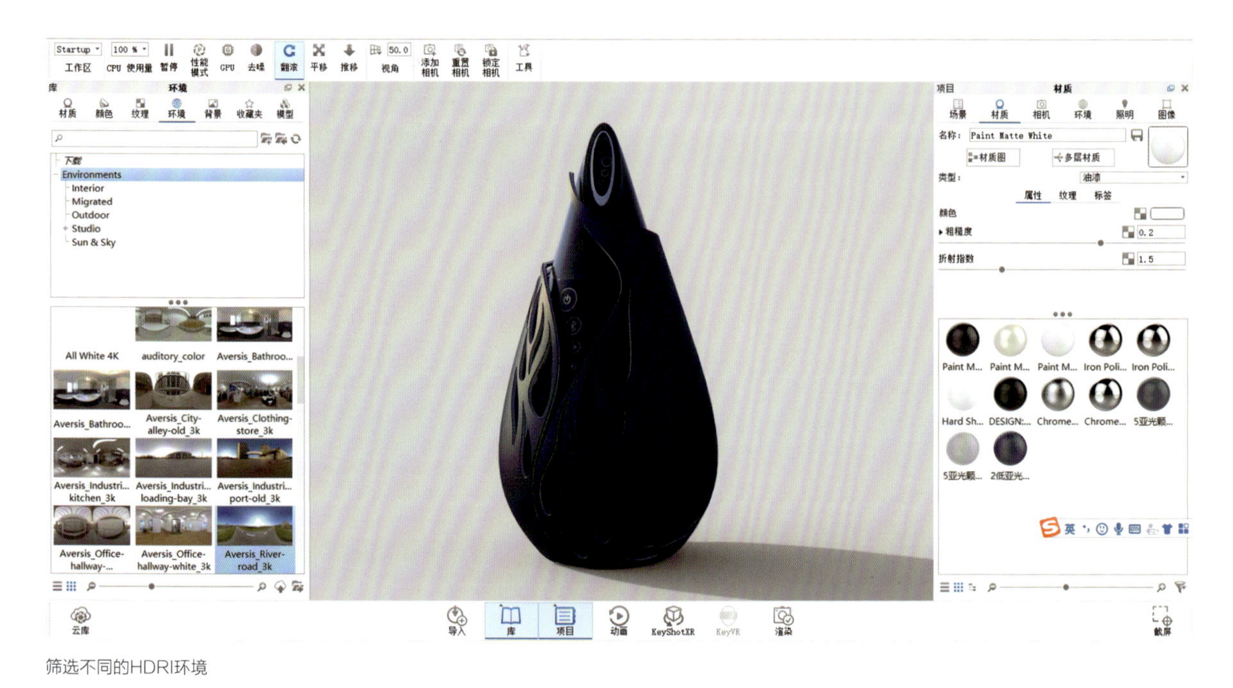

筛选不同的HDRI环境

㊀ High Dynamic Range Imaging，意为高动态范围成像。

3）对产品的材质、颜色、纹理及细节进行表现。将产品的外壳部分预设为高分子塑料材质，色彩选取由藏青过渡到湖蓝的渐变色，增强产品古典韵味。选择“材质”→“低亚光塑料材质球”；选择“材质图”“纹理”“颜色渐变”及“类型”→“塑料”，“属性”→“漫反射”，将色彩调至由藏青（H：188°，S：100%，V：65%）向湖蓝（H：227°，S：100%，V：27%）过渡，渐变角度调整至23.3°；选择能够表达产品的外壳材质、纹理进行贴图（见下两图）。

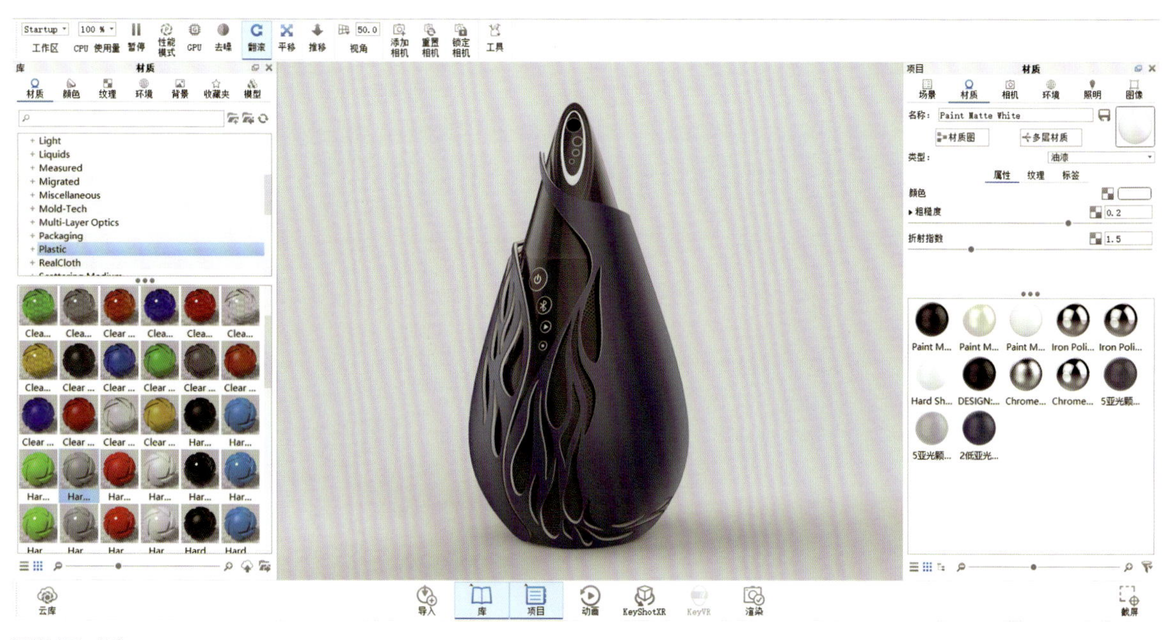

调整材质、颜色

4）筛选可体现最佳质感的HDRI环境，这里选择了“3 Panels Tilted 2k.hdr”。亮度调至1，对比度为0，饱和度为50%，增加两个单针照明，突出产品细节。

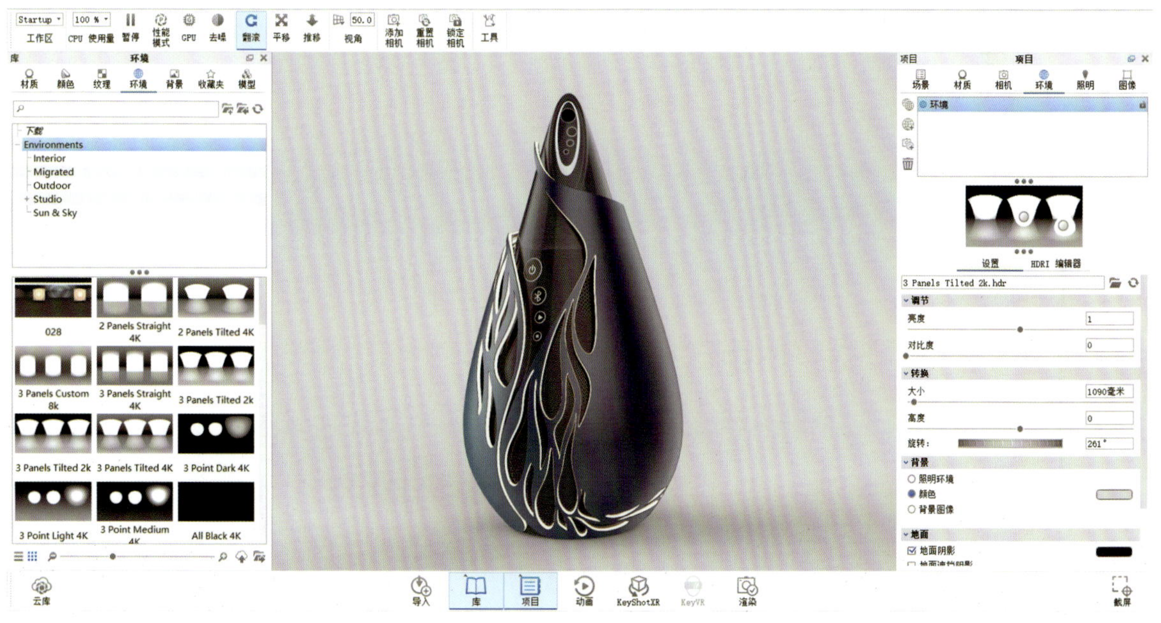

进行色彩渐变、贴图处理、调整光源后的效果

5）将产品主体部分预设为仿彩镀金属质感塑料材质，体现质量轻、抗摔且好清洗的产品特点。在参数上，选择亚光颗粒材质球，粗糙度调至0.0006，折射指数调至1.46，使其产生金属反光效果；根据产品的功能、细节，进行细节部位的材质选择，包括金属按键、电量显示灯及充电转接口等。调整相机位置，完成最终构图。在“项目”→“相机”选项中调整需要的角度和距离，完成产品的白底渲染（见下图）。

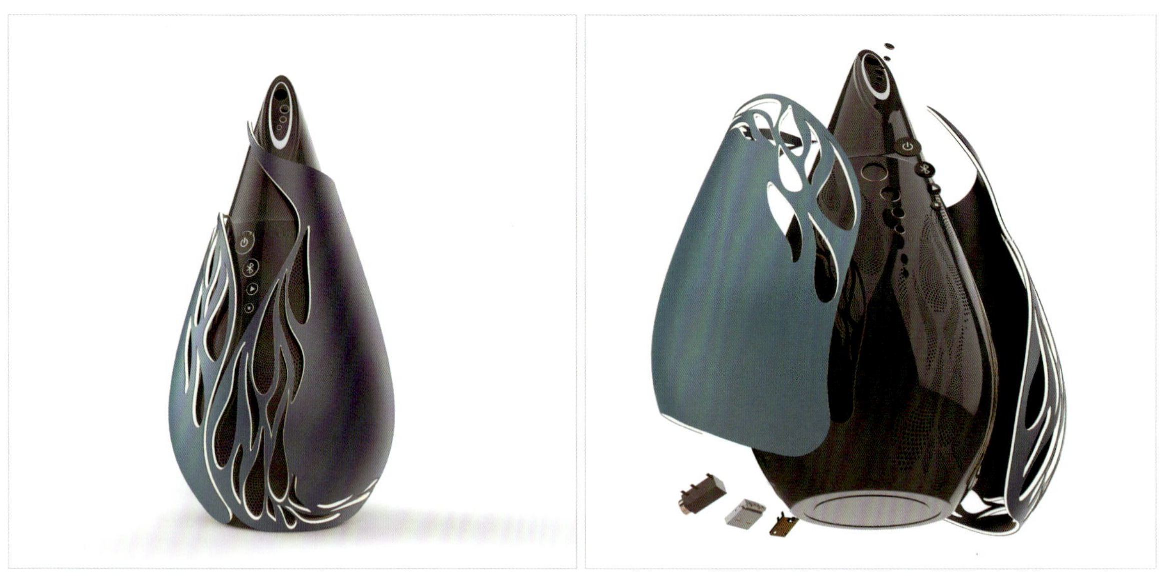

产品白底渲染图

6）为了更好地展示文创产品的意境与特殊的文化性，“乐埙”香薰音响还需要进行场景渲染。可添加与“乐埙”香薰音响呼应的有桌面茶具摆件的环境背景图，将产品以一定角度摆放至画面右侧，达到主次分明的效果，并将环境色调成与产品的主色相呼应的淡绿色。同时在产品右侧加入暖色光源，形成冷暖对比的视觉美感。最终在Photoshop软件中合成整体环境效果图（见下图）。

最终场景及渲染效果

“结圆”茶碗系列渲染案例分析

1）进行渲染前，在建模软件（如Rhino）中检查模型在视图中的位置、破面、倒角、图层分层情况（见下图）。确认无误后，将设计文件导入KeyShot中进行渲染。

在Rhino建模软件中检查模型

2）打开KeyShot，在上方菜单中选择“文件”→“导入”；导入文件后调整图像大小，通过右侧面板的“图像”→“预设”（宽1036像素、高647像素）调整；在左侧面板中“环境”中筛选软件中的HDRI环境，选择最优的HDRI环境作为环境光效果（见下图）。

导入模型文件，筛选HDRI环境

3）对产品的材质、纹理、颜色进行表现。将产品的材质预设为陶瓷材质，并加入渐变色调，右侧面板中“材质”→“类型”→“塑料”→“属性”，调整粗糙度为0.1、漫反射数值为“R：233，G：255，B：249”。通过调整粗糙度和灯光效果，改变产品表面反光程度与光滑效果，以表现瓷器材质（见下图）。

调整材质、纹理、颜色

4）在产品的色彩表达方面，通过渐变的色彩效果呼应西湖主题文创特色。选择右侧面板中的“材质”→“材质图”及“纹理”→“颜色渐变”，在渲染时通过调节参数、拖拽渐变条调整颜色渐变，实现预期效果；通过调整右侧面板的“材质”→“纹理”→“角度”和“缩放”，增加茶具表面反射强度，使之看起来更加光滑，可以更好地体现瓷器质感；茶杯纹理采用金色金属材质，选择左侧面板中的“材质”→“金属”，金色装饰纹理可以突显西湖波光粼粼的水纹效果，与文创主题相得益彰（见下图）。

调整渐变色彩，加入细节纹理效果

5）主场景渲染采用背景贴图的方式，并导入置物台模型，烘托渲染气氛，提升产品意境。在右侧面板的“材质”→“纹理”中双击“颜色”，选择图片，进行贴图，并通过右侧面板中的“环境”→“添加针”完成局部补光；调整相机位置，调整其方向、距离及焦距等参数（通过“项目”→“相机”→“新增相机”）；进行渲染参数调整（通过界面下方的“渲染”→“分辨率”和“层”“通道”）。调整完毕后开始渲染（见下图）。

背景贴图渲染

6）选用适当的场景，导入模型，进行场景渲染。文创类产品场景应偏古典中式风格，增强产品整体氛围与意境。将与其风格匹配的资源场景模型导入KeyShot中，选择上方菜单栏的“文件”→“导入”导入KeyShot文件包；在“渲染”中调整相机、图片分辨率、储存位置等参数，完成最终渲染效果（见下图）。

导入场景模型渲染

最终贴图渲染效果图

最终场景模型渲染效果图

“印缘”倒流香渲染案例分析

1）检查模型情况，包括接缝处是否闭合、倒角后是否破面、分层是否合理等情况，做好渲染前准备（见下图）。

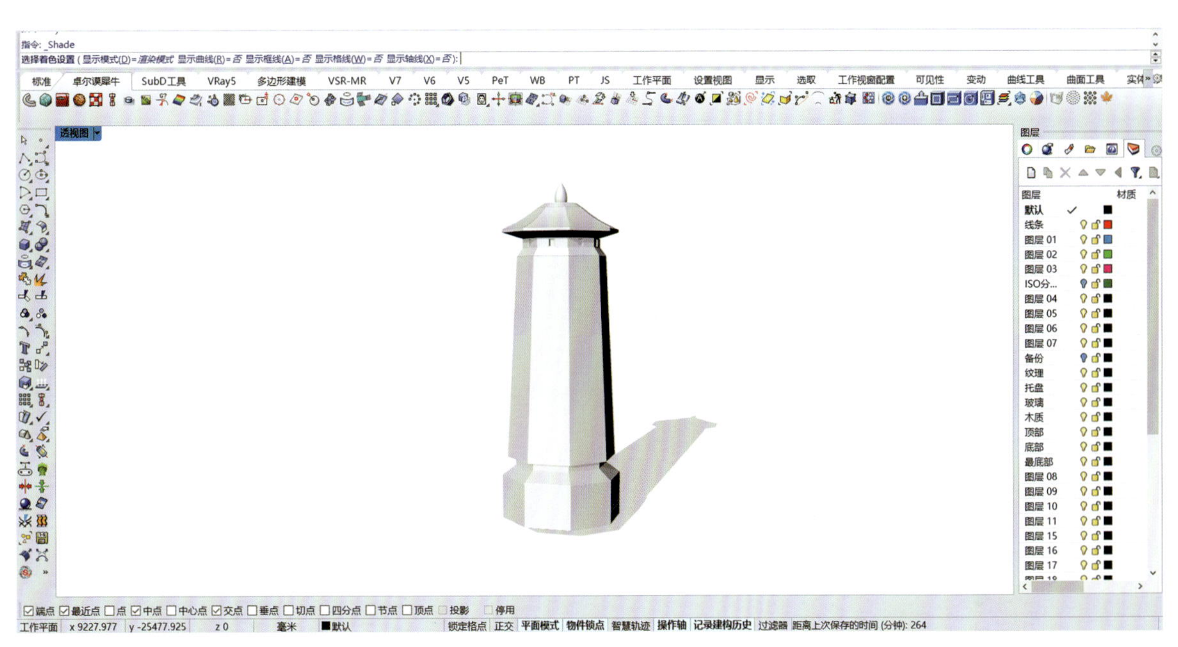

在Rhino建模软件中检查模型

2）打开KeyShot，通过上方菜单“文件”导入模型，并在渲染前，确定图像尺寸，通过右侧面板中的“图像”→“预设”（宽1036像素、高647像素）调整（见下图）。

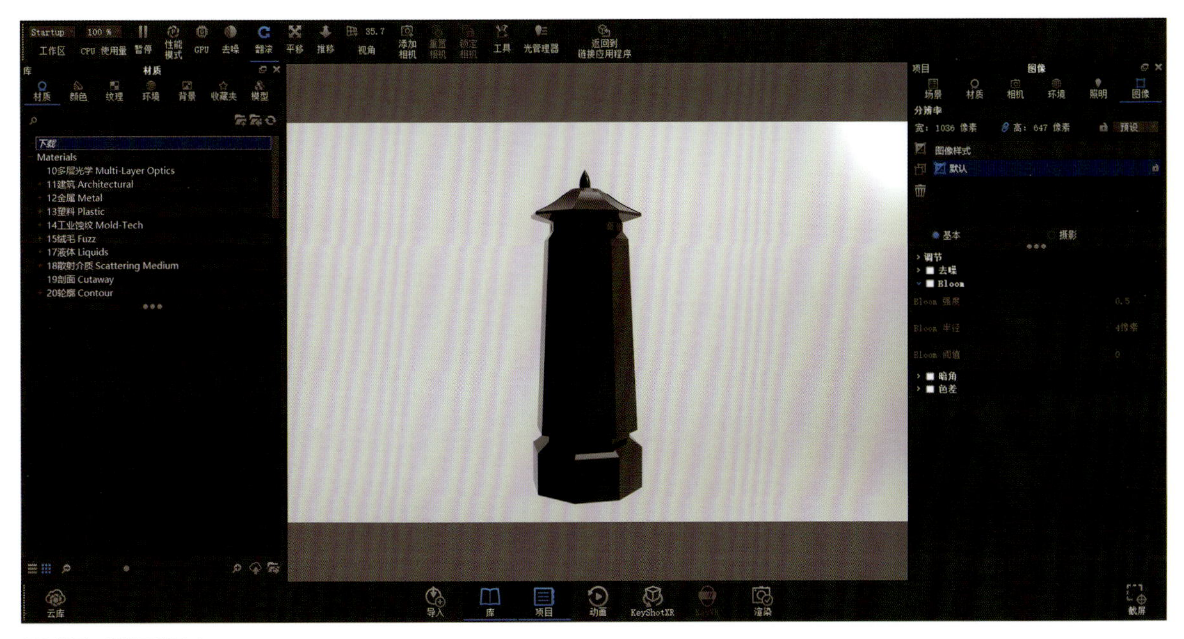

导入模型，调整图像尺寸

3）“印缘”倒流香模型材质表现。在建模软件中，将木头、玻璃、金属等材质的各个部分做好分层，便于渲染中的材质表现。预设产品的中部为玻璃材质，其他部分分别为木质与金属材质，在左侧面板的“材质”中分别选择木头（Black Walnut Wood Rough #1）、玻璃［Glass （Solid） White #1］、金属（Anodized Titanium Polished Champagne #1）；观察产品的光影关系，调整HDRI场景光（通过左侧面板中的“环境”“场景”调整）（见下图）。

确定材质和HDRI环境

4）将已搭建好的场景模型导入KeyShot（通过上方菜单的“文件”导入KeyShot文件包；确定模型位置，选择构图及拍摄角度以放置相机，必要时可以增加景深（调整“相机”→“景深”→“焦点”）；突出产品细节，加入灯光补充光影效果（通过右侧面板的“环境”→“添加针”）。调整后，即可渲染出图（见下图）。

导入场景模型渲染

5）完成渲染后，将图片导入Photoshop进行精细修图，对光影关系、环境、亮暗、画面对比度、产品与环境的色彩关系等效果进一步调整，完成最终效果（见下图）。

导入Photoshop精细修图

《山海经》氛围灯渲染案例分析

1）打开KeyShot，选择菜单中的“文件”→“导入”，导入3D模型。选择“项目”→“相机”→“新增相机”，调整相机位置，对其方向、距离及焦距等参数进行调整，锁定相机以确保模型角度不再发生改变（见下图）。

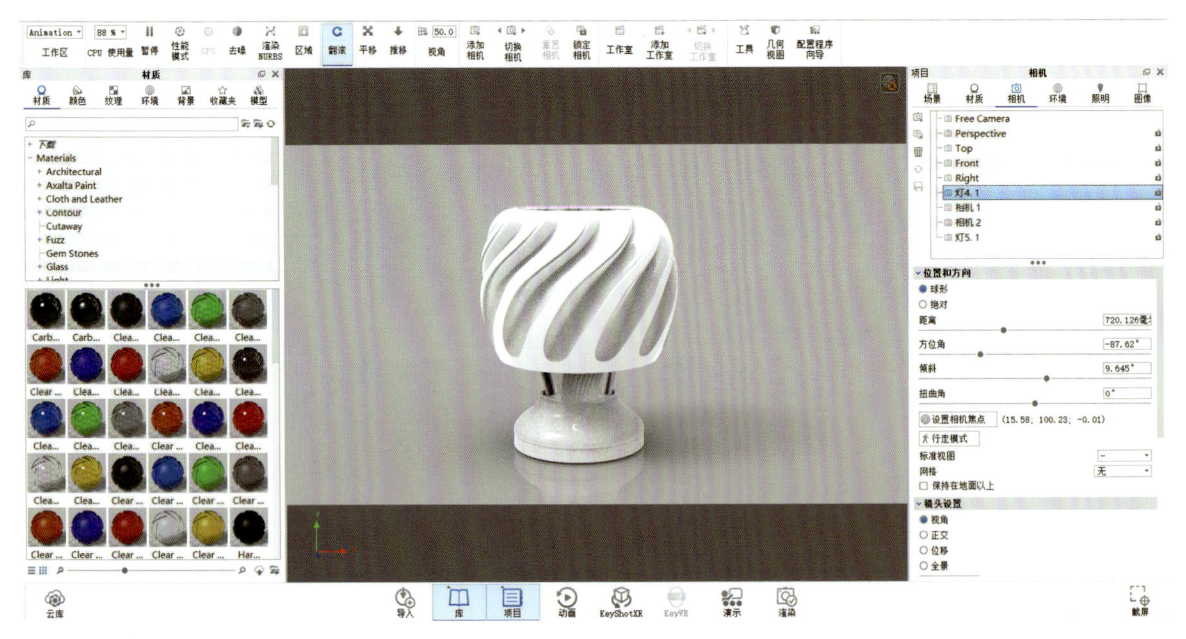

导入模型、调整相机

2）设置产品材质效果。将灯具预设透明玻璃外壳，采用实心玻璃材质。打开左侧资源库进行材质选择，详细路径是“库”→“材质”→“Glass”→“Glass Droplets White”；调整透明距离、折射指数，减少玻璃磨砂质感，增添透明度、光泽度，通过“项目”→“材质”→“属性”，调整“透明距离”为3.881毫米，“折射指数”为0.468（见下图）。

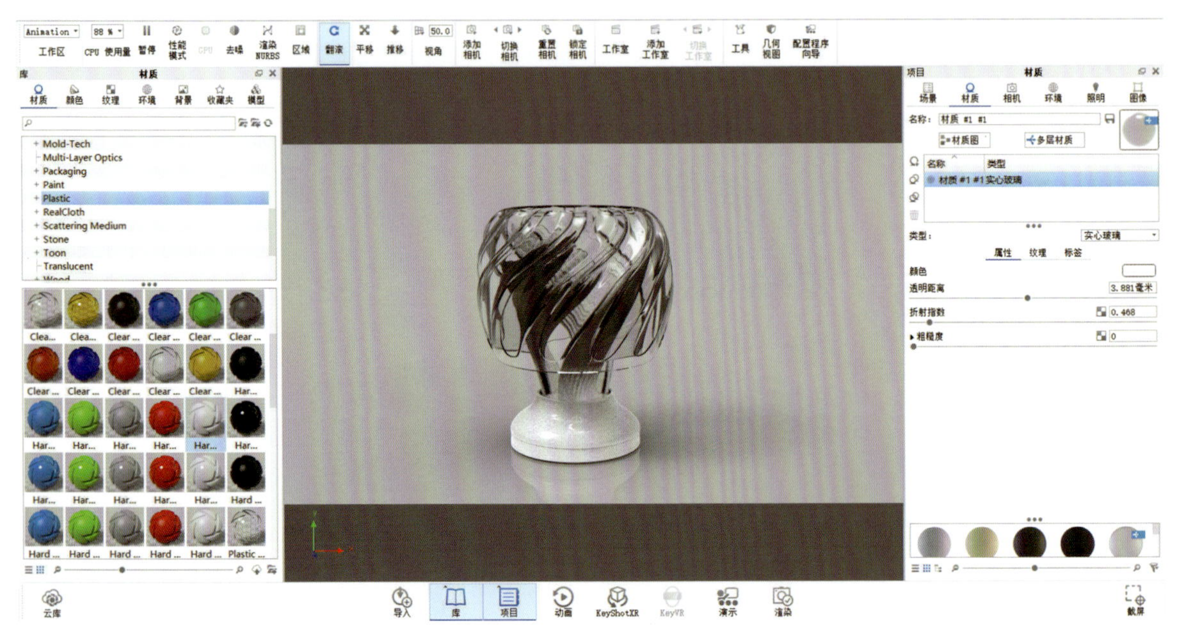

设置灯具玻璃材质效果

3）灯具其他部件采用塑料材质，选择“库”→“材质”→“Plastic”→“Hard Shiny Plastic White、Hard Shiny Plastic Red”；选择基础材质后，调整“项目”→“材质”→“属性”→“漫反射”及“高光”，底座部件“漫反射”为“R：216，G：216，B：216”，“高光”为“R：240，G：240，B：240”，灯芯部件“漫反射”为“R：231，G：94，B：94”，“高光”为“R：228，G：120，B：120”，以表现真实的塑料质感。其他细节处据预设情况进行相应的材质及颜色调整（见下图）。

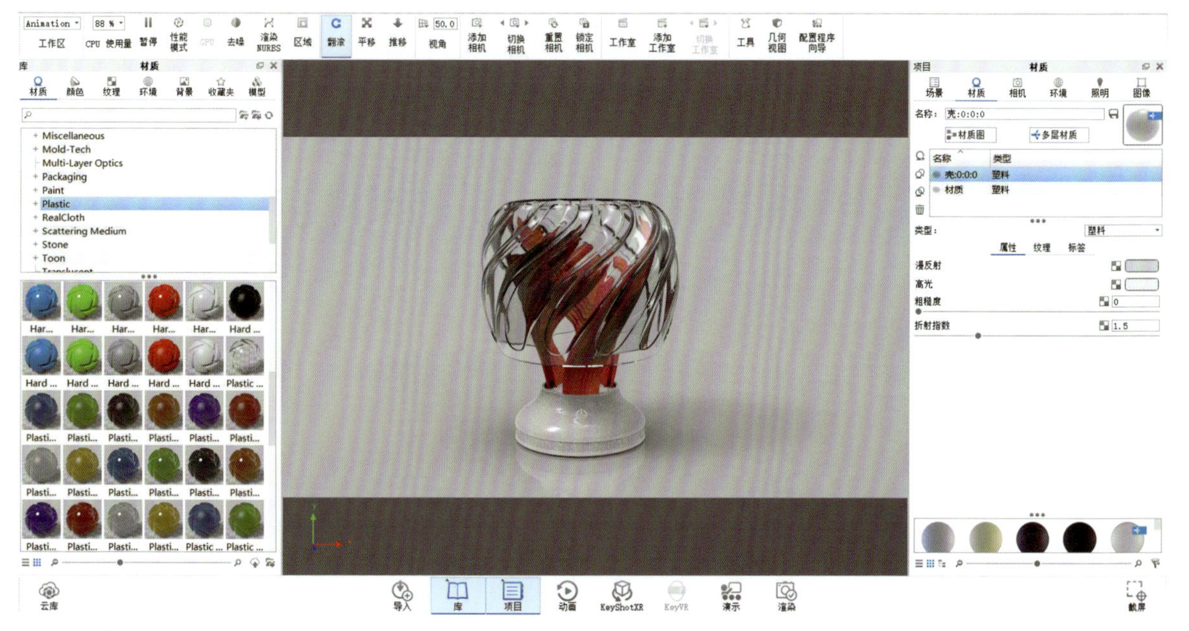

设置灯具其他部分材质效果

4）选择左侧面板的“环境”选项，调整HDRI环境光源，选择“库”→“环境”→“startup”，并在右侧面板勾选“地面阴影”选项。通过“项目”→“环境”→“HDRI编辑器”，添加针及倾斜光源，进行局部光照调整；底座添加红色倾斜光源以形成反射光。处理细节，使产品渲染达到最真实效果（见下图）。

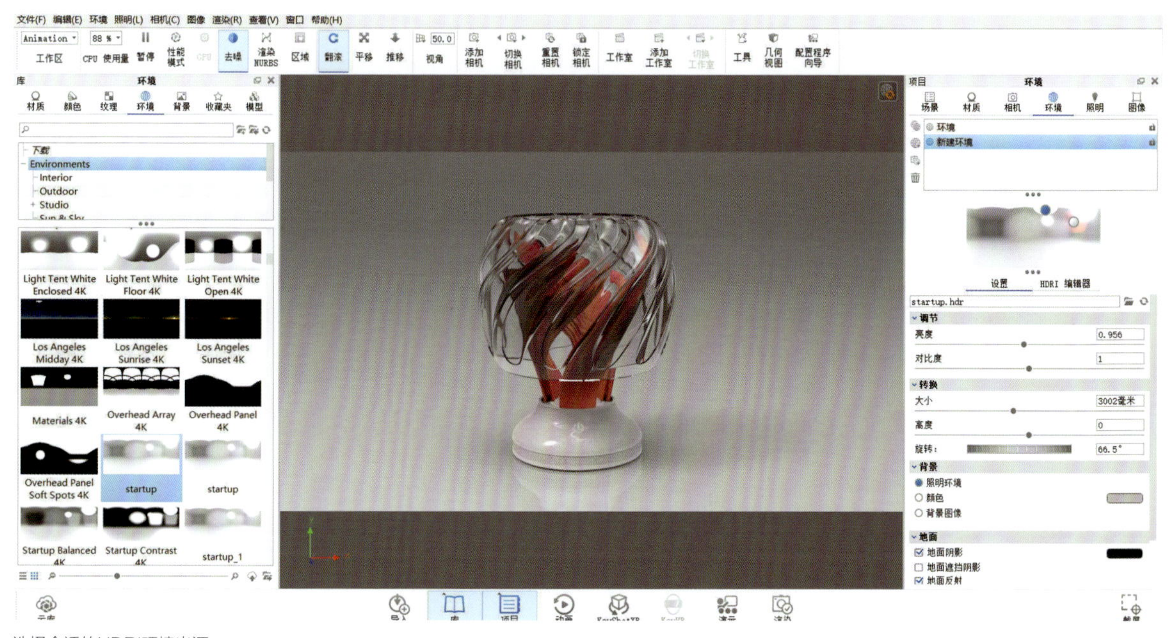

选择合适的HDRI环境光源

5）表现开灯效果。首先改变HDRI环境，选择“库”→“环境”→“其他环境”，亮度值为0.956，使背景环境光变暗但仍有一定的照明，以便产品整体依旧清晰可见。之前在HDRI编辑器中设置的“添加针”及“倾斜光源”会自动删除，若需对光照细化处理，需要再次进行设置和调整（见下图）。

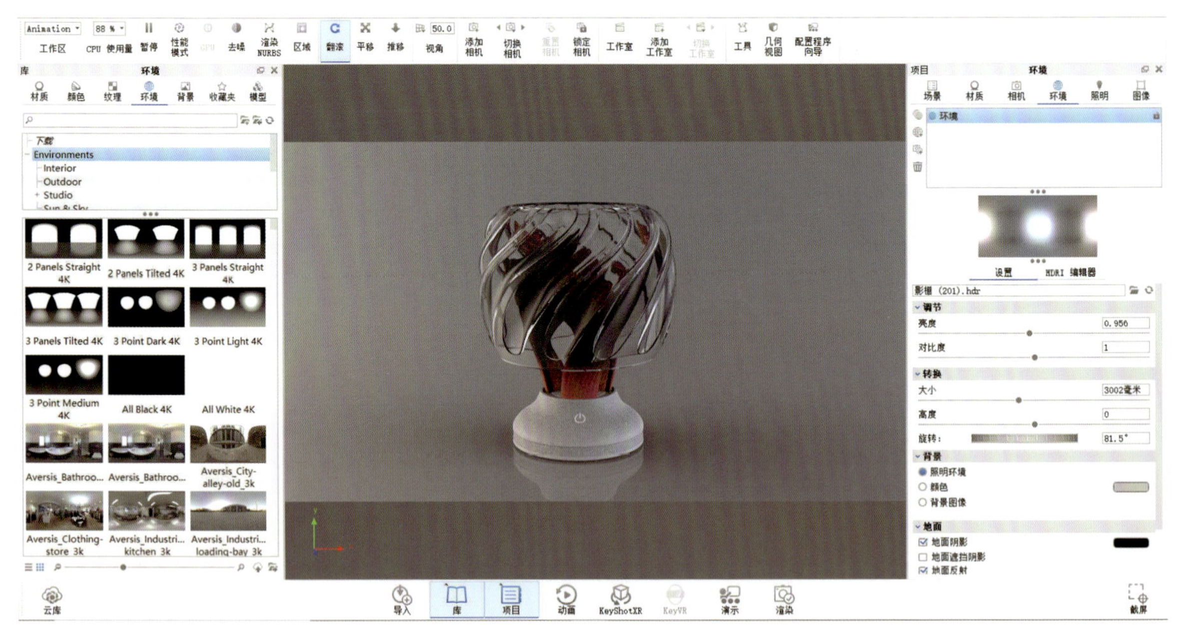

选择适合开灯效果的HDRI环境光源

6）为模型原有的灯珠添加区域光，实现开灯后的光照效果，选择“项目”→“材质”→“类型”→“区域光”，“颜色”设为“R：246，G：248，B：162”，调整“电源”值为100流明，在“高级”选项、“照明”选项中进行条件的勾选，使光照柔和，整体效果真实和谐（见下图）。

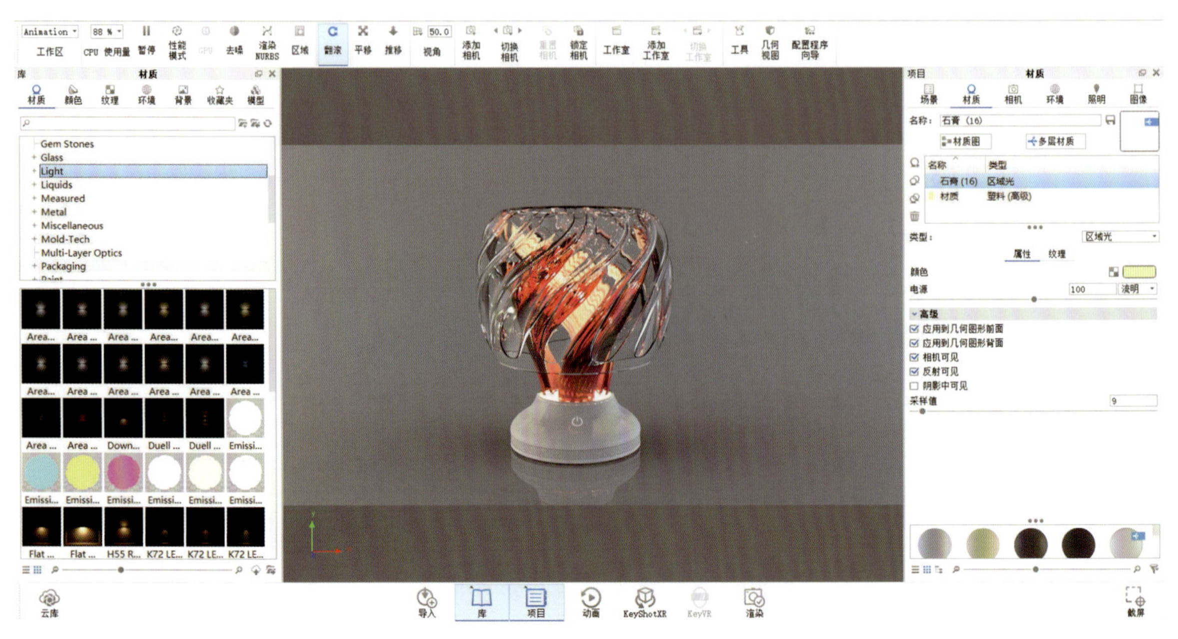

灯具照明效果

空白背景渲染效果图

灯光渲染效果图

第四章 知识产权及专利申请案例讲解

知识产权的概念及分类

知识产权，是基于创造成果和工商标记依法产生的权利的统称，包括专利权、 商标权、著作权等。专利权是政府通过国家知识产权管理部门授予发明的所有权人在法律规定的期限内，对其发明有独占制造、使用和销售的权利；专利分为发明专利、实用新型专利、外观设计专利。著作权（版权）则指基于文学、艺术和科学作品依法产生的权利，包括著作人身权和著作财产权。

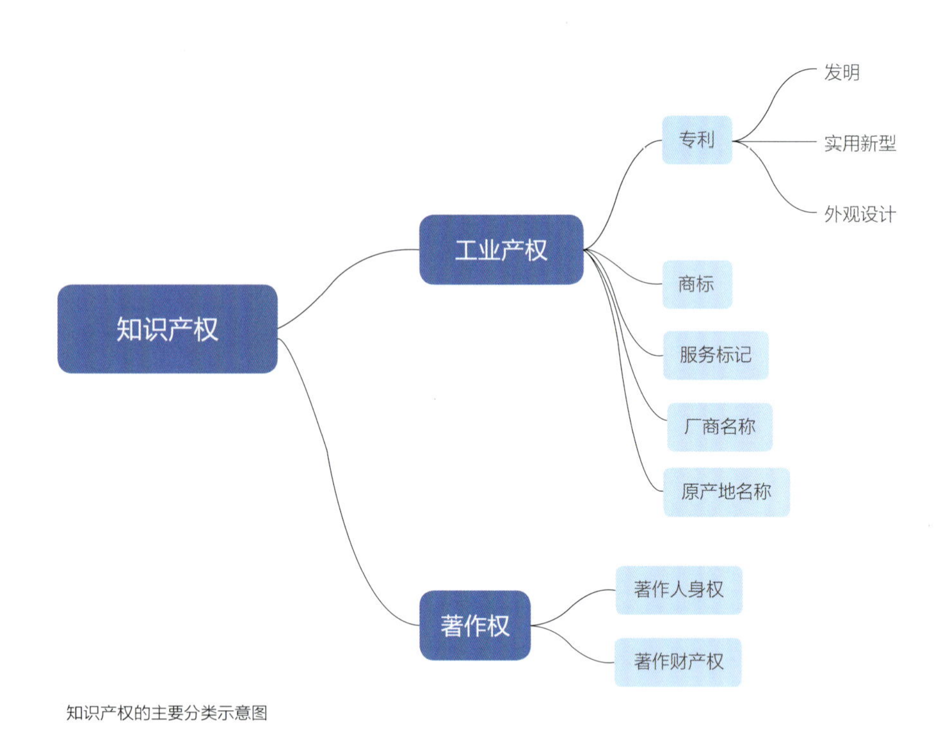

知识产权的主要分类示意图

专利权的特征

专利权是由国务院专利行政部门依照法律规定，根据法定程序赋予专利权人的一种专有权利。它是无形财产权的一种，与有形财产相比，其主要特征有独占性、时间性、地域性。

所谓独占性，亦称垄断性或专有性。专利权是由政府主管部门根据发明人或申请人的申请，认为其发明创造符合专利法规定的条件，而授予申请人或其合法受让人的一种专有权。它专属权利人所有，专利权人对其权利的客体（即发明创造）享有占有、使用、收益和处分的权利。

所谓专利权的时间性，即指专利权具有一定的时间限制，也就是法律规定的保护期限。各国的专利法对于专利权的有效保护期均有各自的规定，而且计算保护期限的起始时间也各不相同。我国《专利法》第四十二条规定："发明专利权的期限为20年，实用新型专利权的期限为10年，外观设计专利权的期限为15年，均自申请日起计算。"

所谓地域性，就是对专利权的空间限制。它是指一个国家或一个地区所授予和保护的专利权仅在该国或地区的范围内有效，对其他国家和地区不发生法律效力，其专利权是不被确认与保护的。如果专利权人希望在其他国家享有专利权，那么，必须依照其他国家的法律另行提出专利申请。除非加入国际条约及双边协定另有规定之外，任何国家都不承认其他国家或者国际性知识产权机构所授予的专利权。

专利权的权利归属

专利申请人：向中国国家知识产权局专利局就发明、实用新型或外观设计提交专利申请并请求被授予专利权的人，包括单位或个人。专利申请人应具备的两个基本条件：（1）具有专利权利能力的公民或法人；（2）具有专利申请权。

专利权人：以发明创造提起申请，被中国国家知识产权局专利局授予专利权的单位或个人。因转让、赠与、继承而被依法确认拥有专利权的单位或个人，也是专利权人。

依据《中华人民共和国专利法》规定，专利权归属：（1）职务发明创造申请专利的权利属于该单位，申请被批准后，该单位为专利权人；（2）非职务发明创造，申请专利的权利属于发明人或者设计人；申请被批准后，该发明人或者设计人为专利权人；（3）两个以上单位或者个人合作完成的发明创造、一个单位或者个人接受其他单位或者个人委托所完成的发明创造，除另有协议的以外，申请专利的权利属于完成或者共同完成的单位或者个人；申请被批准后，申请的单位或者个人为专利权人。

专利权的分类

专利分为外观设计专利、实用新型专利、发明专利。外观设计专利、实用新型专利是文创产品领域常会涉及的。外观设计，是指对产品的整体或局部的形状、图案或者其结合，以及色彩与形状、图案的结合，所作出的富有美感并适用于工业应用的新设计。具备以上条件的可以申请外观设计专利。实用新型，是指对产品的形状、构造或者其结合所提出的适于实用的新的技术方案。具备以上条件的可以申请实用新型专利。发明，是指对产品、方法或者其改进所提出的新的技术方案。具备以上条件的方可申请发明专利。

专利申请及审查流程

《中华人民共和国专利法》中关于专利申请的部分内容

第二十六条：申请发明或者实用新型专利的，应当提交请求书、说明书及其摘要和权利要求书等文件。请求书应当写明发明或者实用新型的名称，发明人的姓名，申请人姓名或者名称、地址，以及其他事项。说明书应当对发明或者实用新型作出清楚、完整的说明，以所属技术领域的技术人员能够实现为准；必要的时候，应当有附图。摘要应当简要说明发明或者实用新型的技术要点。权利要求书应当以说明书为依据，清楚、简要地限定要求专利保护的范围。依赖遗传资源完成的发明创造，申请人应当在专利申请文件中说明该遗传资源的直接来源和原始来源；申请人无法说明原始来源的，应当陈述理由。

第二十七条：申请外观设计专利的，应当提交请求书、该外观设计的图片或者照片以及对该外观设计的简要说明等文件。申请人提交的有关图片或者照片应当清楚地显示要求专利保护的产品的外观设计。

《中华人民共和国专利法》中关于专利申请的审查和批准的内容

第三十四条：国务院专利行政部门收到发明专利申请后，经初步审查认为符合本法要求的，自申请日起满十八个月，即行公布。国务院专利行政部门可以根据申请人的请求早日公布其申请。

第三十五条：发明专利申请自申请日起三年内，国务院专利行政部门可以根据申请人随时提出的请求，对其申请进行实质审查；申请人无正当理由逾期不请求实质审查的，该申请即被视为撤回。国务院专利行政部门认为必要的时候，可以自行对发明专利申请进行实质审查。

第三十六条：发明专利的申请人请求实质审查的时候，应当提交在申请日前与其发明有关的参考资料。发明专利已经在外国提出过申请的，国务院专利行政部门可以要求申请人在指定期限内提交该国为审查其申请进行检索的资料或者审查结果的资料；无正当理由逾期不提交的，该申请即被视为撤回。

第三十七条：国务院专利行政部门对发明专利申请进行实质审查后，认为不符合本法规定的，应当通知申请人，要求其在指定的期限内陈述意见，或者对其申请进行修改；无正当理由逾期不答复的，该申请即被视为撤回。

第三十八条：发明专利申请经申请人陈述意见或者进行修改后，国务院专利行政部门仍然认为不符合本法规定的，应当予以驳回。

第三十九条：发明专利申请经实质审查没有发现驳回理由的，由国务院专利行政部门作出授予发明专利权的决定，发给发明专利证书，同时予以登记和公告。发明专利权自公告之日起生效。

第四十条：实用新型和外观设计专利申请经初步审查没有发现驳回理由的，由国务院专利行政部门作出授予实用新型专利权或者外观设计专利权的决定，发给相应的专利证书，同时予以登记和公告。实用新型专利权和外观设计专利权自公告之日起生效。

第四十一条：专利申请人对国务院专利行政部门驳回申请的决定不服的，可以自收到通知之日起三个月内向国务院专利行政部门请求复审。国务院专利行政部门复审后，作出决定，并通知专利申请人。专利申请人对国务院专利行政部门的复审决定不服的，可以自收到通知之日起三个月内向人民法院起诉。

专利申请及审查流程简述

为进一步提高专利审查质量和效率，为公众提供高效便捷的审查服务，国家知识产权局于2023年1月11日开通"专利业务办理系统"，整合优化专利电子申请、专利缴费信息网上补充及管理、专利事务服务、PCT国际专利申请、外观设计国际申请等多个业务系统。

"专利业务办理系统"支持网页版、移动端和客户端。网页版访问地址：http://cponline.cnipa.gov.cn。下图为"专利业务办理系统"官方公布的专利申请及审查流程图。

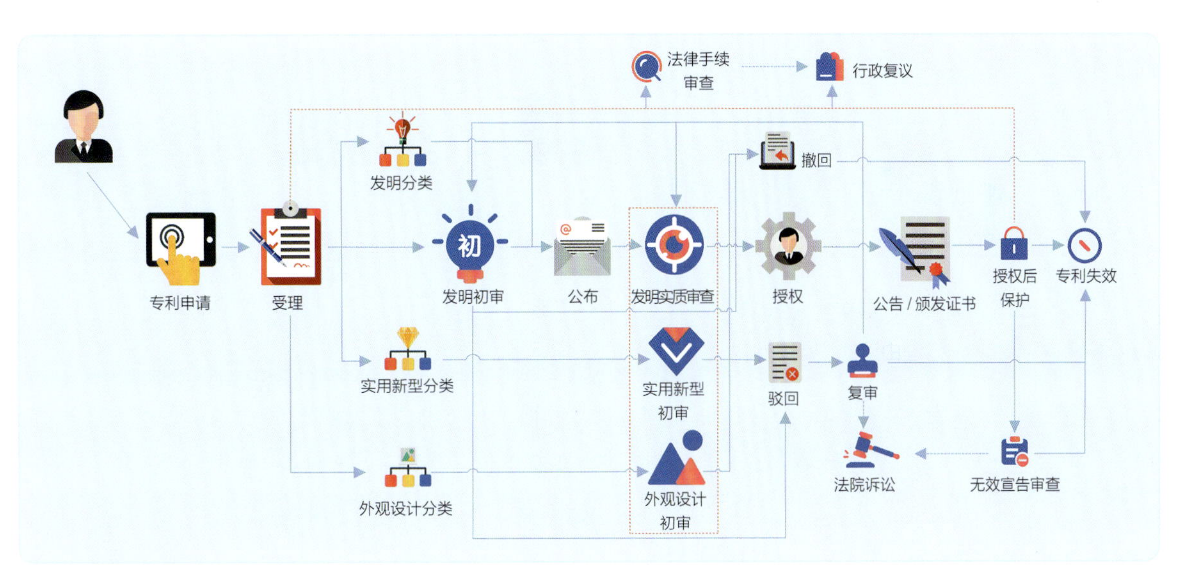

专利申请及审查流程图

专利申请案例讲解

外观设计专利申请

《中华人民共和国专利法》第二十三条规定：授予专利权的外观设计，应当不属于现有设计；也没有任何单位或者个人就同样的外观设计在申请日以前向国务院专利行政部门提出过申请，并记载在申请日以后公告的专利文件中。授予专利权的外观设计与现有设计或者现有设计特征的组合相比，应当具有明显区别。授予专利权的外观设计不得与他人在申请日以前已经取得的合法权利相冲突。本法所称现有设计，是指申请日以前在国内外为公众所知的设计。

以下以“手部消杀设备”为案例（外观设计专利已授权），讲解外观设计专利申请。在本案例中，申请人提交了产品的主视图（立体图）及六视图，并在申请材料中陈述了产品的设计说明。

外观设计简要说明：

1. 本外观设计产品的名称：手部消杀设备。
2. 本外观设计产品的用途：用于手部消毒和暖手。
3. 本外观设计产品的设计要点：在于形状和图案。
4. 指定一幅最能表明设计要点的图片或照片：立体图。
5. 省略视图：无。

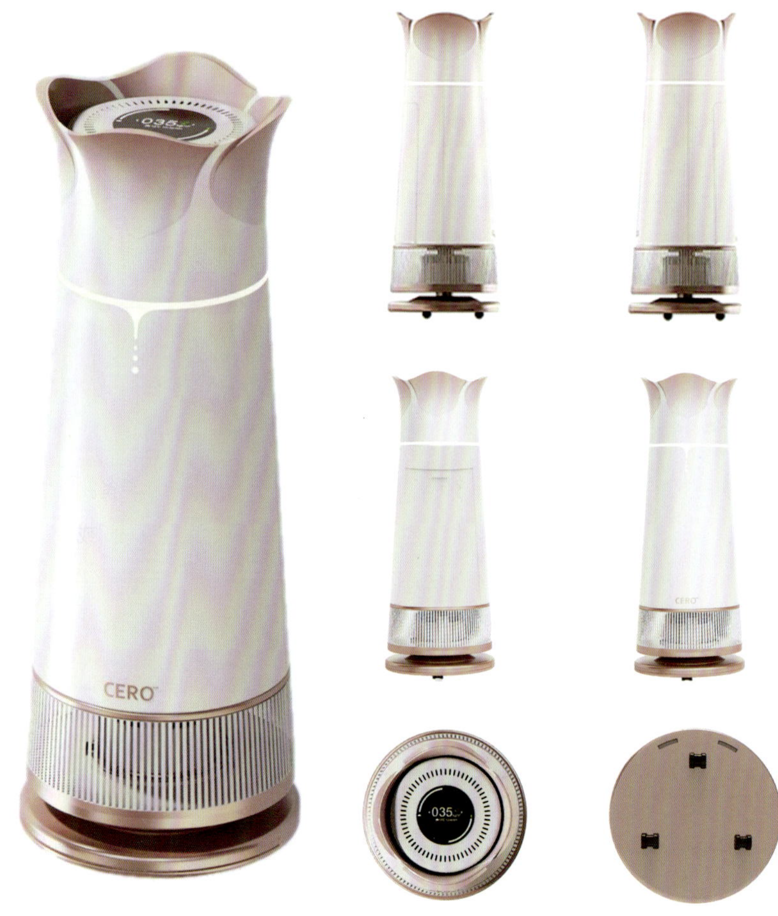

提供产品主视图（立体图）及六视图

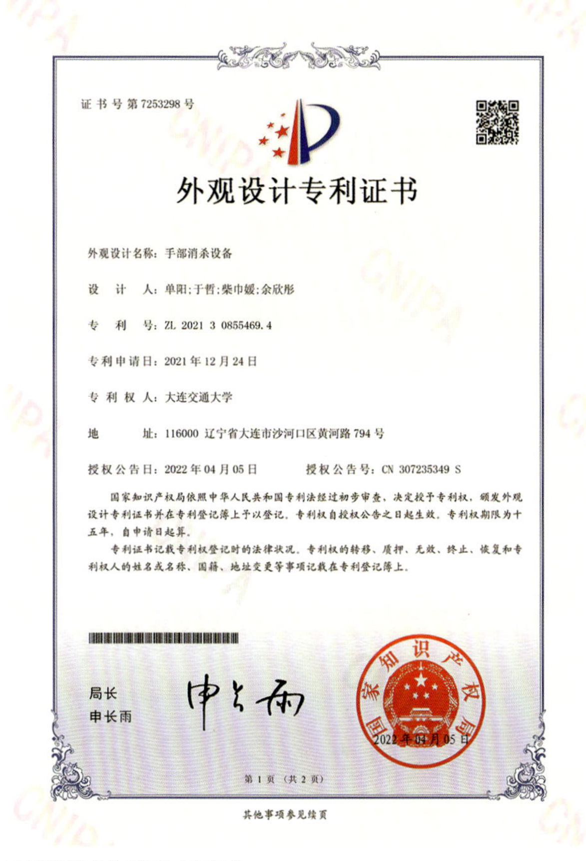

证书号第7253298号

外观设计专利证书

外观设计名称：手部消杀设备

设　　计　　人：单阳；于哲；柴巾媛；余欣彤

专　　利　　号：ZL 2021 3 0855469.4

专利申请日：2021年12月24日

专　利　权　人：大连交通大学

地　　　　址：116000 辽宁省大连市沙河口区黄河路794号

授权公告日：2022年04月05日　　　授权公告号：CN 307235349 S

国家知识产权局依照中华人民共和国专利法经过初步审查，决定授予专利权，颁发外观设计专利证书并在专利登记簿上予以登记。专利权自授权公告之日起生效。专利权期限为十五年，自申请日起算。

专利证书记载专利权登记时的法律状况。专利权的转移、质押、无效、终止、恢复和专利权人的姓名或名称、国籍、地址变更等事项记载在专利登记簿上。

局长
申长雨

2022年04月05日

第1页（共2页）

其他事项参见续页

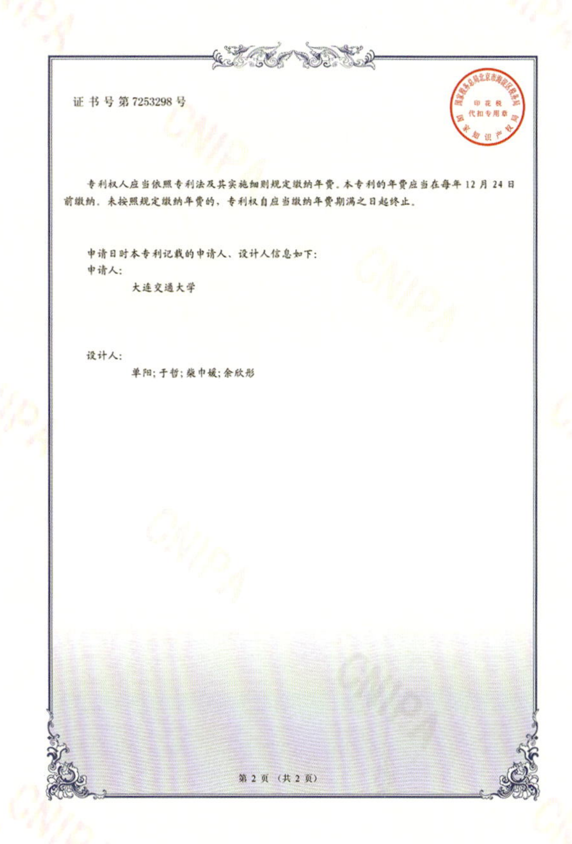

证书号第7253298号

专利权人应当依照专利法及其实施细则规定缴纳年费。本专利的年费应当在每年12月24日前缴纳。未按照规定缴纳年费的，专利权自应当缴纳年费期满之日起终止。

申请日时本专利记载的申请人、设计人信息如下：

申请人：

大连交通大学

设计人：

单阳；于哲；柴巾媛；余欣彤

第2页（共2页）

手部消杀设备外观设计专利证书

发明和实用新型专利申请

《中华人民共和国专利法》第二十二条规定：授予专利权的发明和实用新型，应当具备新颖性、创造性和实用性。新颖性，是指该发明或者实用新型不属于现有技术；也没有任何单位或者个人就同样的发明或者实用新型在申请日以前向国务院专利行政部门提出过申请，并记载在申请日以后公布的专利申请文件或者公告的专利文件中。创造性，是指与现有技术相比，该发明具有突出的实质性特点和显著的进步，该实用新型具有实质性特点和进步。实用性，是指该发明或者实用新型能够制造或者使用，并且能够产生积极效果。本法所称现有技术，是指申请日以前在国内外为公众所知的技术。

以下以文创产品“乐埙”香薰音响为案例（实用新型专利已授权），讲解实用新型专利的申报。

申请实用新型专利时需要填报说明书，对实用新型做出清楚、完整的说明，尽可能清楚地描述在本发明创造中所采用的技术方案或技术手段、措施、特征、构思，并相应地说明其在发明创造中所起的作用，描述清楚程度以所属技术领域的普通技术人员能实施为准。撰写说明书的思路如下所示。

（1）确定发明创造的名称。

（2）完成背景技术介绍。对现存类似技术进行说明，简单介绍现有技术的结构或者原理，并说明现有技术存在的缺点和不足，并能分析造成该问题的原因，以及解决这些问题时曾经遇到的困难。

（3）发明创造的目的。需要指出发明创造所要解决的现存技术问题。

（4）技术方案。申请人为解决技术问题所采用的技术方案，需要从现有技术出发，明确地反映出发明创造的技术能做什么和如何实现，使所属技术领域的技术人员能够明确地理解该实用新型的主题。

（5）发明创造的效果。需要描述发明创造的优点，对照现有技术写明发明创造的有益效果。

（6）实施例。举例发明创造内容的具体实施方案。如果是产品，应描述产品的机械构成、电路构成或化学成分，说明组成产品各部分之间的相互关系。

（7）说明书附图（实用新型必选）。需要提交一份与技术方案相关的说明书附图。对有形状结构的产品来说，该说明书附图应该是一份结构示意图；对设计工艺、方法、流程来说，它就是一份框图或流程图。所提交的图纸，如果一张图不能表示清楚问题，应该再用局部剖视图或其他部分图表示。

“乐埙”香薰音响外观效果及内部结构

以下为申请文创产品“乐埙”香薰音响实用新型专利时的说明书。

“乐埙”香薰音响说明书

名称

一种香薰与音响相结合装置

技术领域

本实用新型涉及熏香机技术领域，具体为一种香薰与音响相结合装置。

背景技术

香薰机是通过超声波震荡设备产生的高频震荡，将水分子及溶解的植物精油分解成直径为0.1~5微米的微米级冷雾散发于周围的空气之中，使空气充满香味的器具；利用多种方式将水和纯植物精油雾化，使居室保持较高的湿度，并产生一定数量的天然负氧离子，净化空气，同时达到芳疗的效果。蓝牙音响指的是内置蓝牙芯片，以蓝牙连接取代传统线材连接的音响设备，通过与手机、平板电脑和笔记本计算机等蓝牙播放设备连接，达到使用方便快捷的目的。但是，现有的香薰机及音响消费品大多相互独立，且控制香薰的使用方式大多为传统物理按键控制，操作烦琐、出薰气味单一。

实用新型内容：本实用新型的目的在于提供一种香薰与音响相结合装置，以解决上述背景技术中提到的问题。技术方案：一种香薰与音响相结合装置，包括装饰性外壳、香薰音响主体、上盖、集雾罩、出薰口、超声波振动器、储水槽、第一套筒、精油盒、螺纹轴、圆环把手、第二套筒、防水盖、电机座、电机、主动齿轮、第一从动齿轮、第二从动齿轮、转动板、限位槽、转动轴和密封垫。所述装饰性外壳的底端外壁上固定连接有香薰音响主体，所述装饰性外壳的顶端外壁上固定连接有上盖，所述上盖的一侧内壁上固定连接有集雾罩，所述集雾罩的顶端设置有出薰口；所述装饰性外壳的一侧内壁上固定安装有超声波振动器，所述超声波振动器的顶端外壁上固定连接有储水槽，所述储水槽的底端内壁上固定连接有第一套筒，所述第一套筒的一侧外壁上固定连接有精油盒，所述精油盒的底端外壁上固定连接有螺纹轴，且螺纹轴的一侧外壁上螺纹连接于第一套筒的一侧内壁上；所述精油盒的一侧内壁上固定连接有第二套筒，所述第二套筒的一侧内壁上分布固定连接有电机座，所述电机座的顶端外壁上固定连接有电机，所述电机输出轴的一端外壁上固定连接有主动齿轮；所述第二套筒的一侧内壁上转动连接有转动轴，所述转动轴的一侧外壁上固定连接有第一从动齿轮，且第一从动齿轮的一侧外壁啮合连接于主动齿轮的一侧外壁上；所述第二套筒的一侧内壁上转动连接有转动板，所述转动板的一侧内壁上开设有限位槽，所述限位槽的一侧内壁上连接有第二从动齿轮，且第二从动齿轮的一侧外壁啮合连接于第一从动齿轮的一侧外壁上。

其他细节：
所述精油盒的一侧外壁上固定连接有圆环把手。
所述第二套筒的一侧外壁上螺纹轴连接有防水盖。
所述转动板的个数为四个。
所述转动板的一侧外壁上固定连接有密封垫。

与现有技术相比，本实用新型所达到的有益效果是：该香薰音响结合产品将独立的香薰机产品与音响产品一体化，多功能，方便使用；四个不同气味精油储存槽、超声波振动器，可通过蓝牙控制，独立出薰；音响组件包围香薰组件，上部香薰组件嵌入底部音响结构，节省了产品空间，实现多功能结合，且通过螺旋卡合结构连接，便于拆卸、维护；采用蓝牙连接方式控制香薰出薰及音乐播放，控制方式合理，使用方便。附图说明。

附图用来帮助对本实用新型的进一步理解，并且构成说明书的一部分，与本实用新型的实施例一起用于解释本实用新型，并不构成对本实用新型的限制。在附图中：图1是本实用新型的整体主视结构示意图； 图2是本实用新型装饰性外壳的主视剖切结构示意图；图3是本实用新型精油盒俯视结构示意图；图4是本实用新型储水槽主视剖切结构示意图；图5是本实用新型转动板俯视结构示意图；图6是本实用新型图4中A区域的结构放大图。在所有附图中：1. 装饰性外壳；2. 香薰音响主体；3. 上盖；4. 集雾罩；5. 出薰口；6. 超声波振动器；7. 储水槽；8. 第一套筒；9. 精油盒；10. 螺纹轴；11. 圆环把手；12. 第二套筒；13. 防水盖；14. 电机座；15. 电机；16. 主动齿轮；17. 第一从动齿轮；18. 第二从动齿轮；19. 转动板；20. 限位槽；21. 转动轴；22. 密封垫。

具体实施方式

下面将结合本实用新型实施例中的附图，对本实用新型实施例中的技术方案进行清楚、完整地描述。显然，所描述的实施例仅是本实用新型一部分实施例，而不是全部的实施例。基于本实用新型中的实施例，本领域普通技术人员在没有做出创造性劳动前提下所获得的所有其他实施例，都属于本实用新型保护的范围。

请参阅图1~图6，本实用新型提供一种技术方案：一种香薰机与音响相结合装置，包括装饰性外壳（1）、香薰音响主体（2）、上盖（3）、集雾罩（4）、出薰口（5）、超声波振动器（6）、储水槽（7）、第一套筒（8）、精油盒（9）、螺纹轴（10）、圆环把手（11）、第二套筒（12）、防水盖（13）、电机座（14）、电机（15）、主动齿轮（16）、第一从动齿轮（17）、第二从动齿轮（18）、转动板（19）、限位槽（20）、转动轴（21）和密封垫（22），装饰性外壳（1）的底端外壁上固定连接有香薰音响主体（2），装饰性外壳（1）的顶端外壁上固定连接有上盖（3），上盖（3）的一侧内壁上固定连接有集雾罩（4），集雾罩（4）的顶端设置有出薰口（5）；装饰性外壳（1）的一侧内壁上固定安装有超声波振动器（6），超声波振动器（6）的顶端外壁上固定连接有储水槽（7），储水

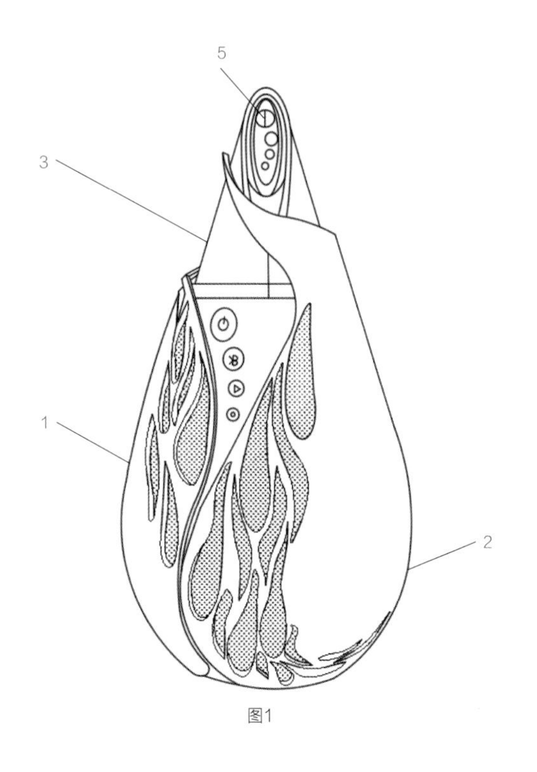

图1

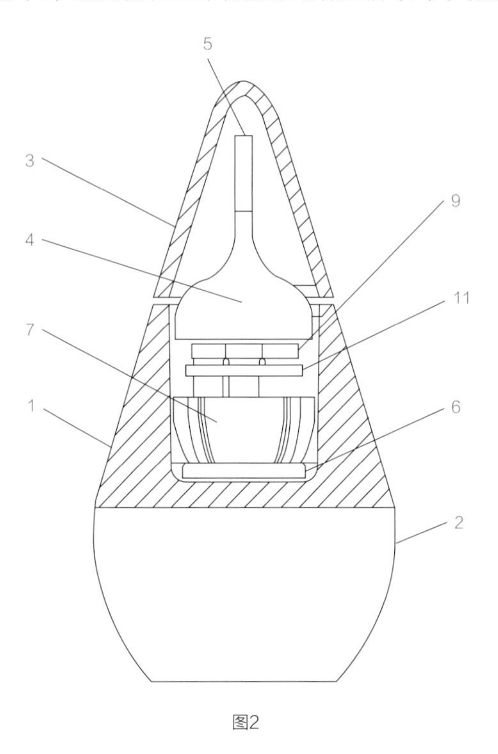

图2

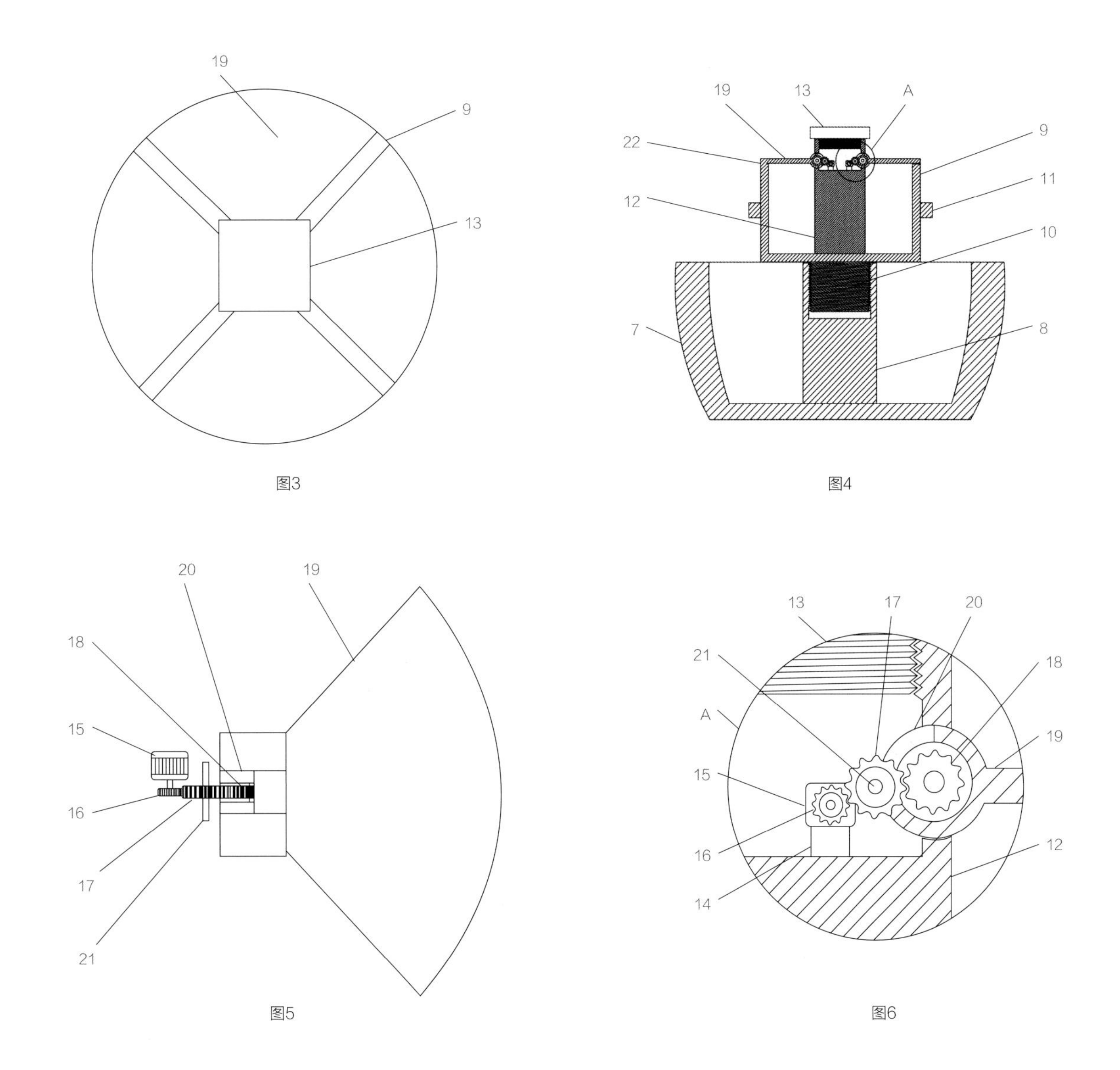

槽（7）的底端内壁上固定连接有第一套筒（8），第一套筒（8）的一侧外壁上固定连接有精油盒（9），精油盒（9）的底端外壁上固定连接有螺纹轴（10），且螺纹轴（10）的一侧外壁上螺纹连接于第一套筒（8）的一侧内壁上；精油盒（9）的一侧内壁上固定连接有第二套筒（12），第二套筒（12）的一侧内壁上分布固定连接有电机座（14），电机座（14）的顶端外壁上固定连接有电机（15），电机（15）输出轴的一端外壁上固定连接有主动齿轮（16）；第二套筒（12）的一侧内壁上转动连接有转动轴（21），转动轴（21）的一侧外壁上固定连接有第一从动齿轮（17），且第一从动齿轮（17）的一侧外壁啮合连接于主动齿轮（16）的一侧外壁上；第二套筒（12）的一侧内壁上转动连接有转动板（19），转动板（19）的一侧内壁上开设有限位槽（20），限位槽（20）的一侧内壁上连接有第二从动齿轮（18），且第二从动齿轮（18）的一侧外壁啮合连接于第一从动齿轮（17）的一侧外壁上；精油盒（9）的一侧外壁上固定连接有圆环把手（11），便于旋转拆卸、维护精油盒（9）；第二套筒（12）的一侧外壁上螺纹轴连接有防水盖（13），便于防水；转动板（19）的个数为四个，多个转动板（19）的设置，便于独立控制香薰的发散；转动板（19）的一侧外壁上固定连接有密封垫（22），便于密封，防止四个不同气味的香薰串味。

在使用该香薰与音响相结合装置时，向储水槽（7）内倒满清水，将不同香味的精油倒入精油盒（9）内，启动电源开关，使音响播放歌曲；通过蓝牙连接该结合装置，通过蓝牙控制，启动电机（15），带动主动齿轮（16）进行转动，进而带动第一从动齿轮（17）进行转动，在第一从动齿轮（17）的作用下，带动第二从动齿轮（18），使第二从动齿轮（18）带动可通过蓝牙独立控制的转动板（19）进行转动，启动超声波振动器（6），使储水槽（7）内的清水振动变成水雾，水雾与香薰结合，从出薰口（5）喷出，实现香薰机与音响结合使用的目的。在需要对该香薰与音响相结合装置进行维护时，转动防水盖（13），将防水盖（13）打开，维护装饰性外壳（1）内的电机（15）；通过圆环把手（11），将精油盒（9）取出，进行维护、清理。

需要说明的是，在本文中，诸如第一和第二等关系术语仅用来将一个实体或者操作与另一个实体或者操作区分开来，而不一定要求或者暗示这些实体或操作之间存在任何这种实际的关系或者顺序。而且，术语“包括”“包含”或者其任何其他变体意在涵盖非排他性的包含，从而使得包括一系列要素的过程、方法、物品或者设备不仅包括那些要素，还包括没有明确列出的其他要素，或者是还包括为这种过程、方法、物品或者设备所固有的要素。

最后应说明的是：以上所述仅为本实用新型的优选实施例，并不用于限制本实用新型，尽管参照前述实施例对本实用新型进行了详细的说明，对本实用新型所属技术领域的技术人员来说，其依然可以对前述各实施例所记载的技术方案进行修改，或者对其中部分技术特征进行等同替换。凡在本实用新型的精神和原则之内，所做的任何修改、等同替换、改进等，均应包含在本实用新型的保护范围之内。

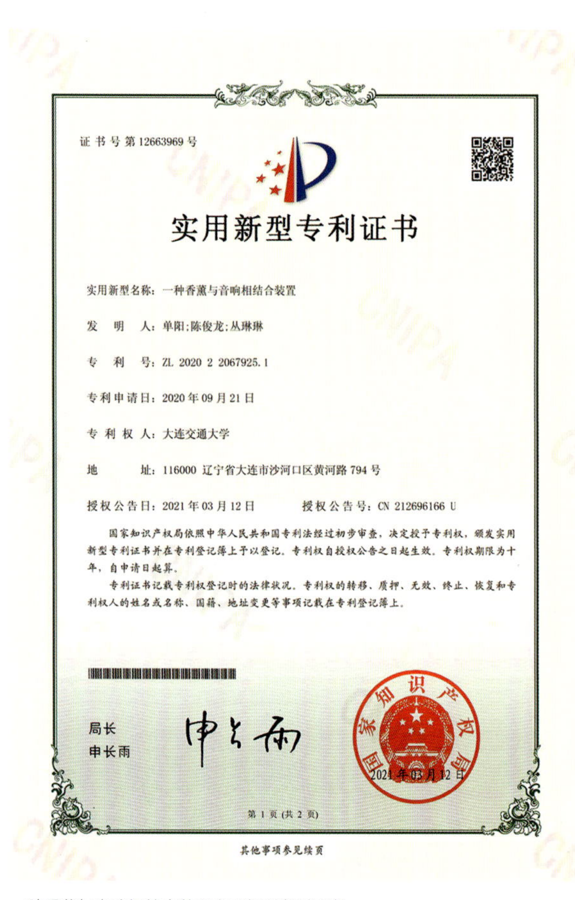

证书号第12663969号

实用新型专利证书

实用新型名称：一种香薰与音响相结合装置

发　明　人：单阳;陈俊龙;丛琳琳

专　利　号：ZL 2020 2 2067925.1

专利申请日：2020年09月21日

专利权人：大连交通大学

地　　址：116000 辽宁省大连市沙河口区黄河路794号

授权公告日：2021年03月12日　　授权公告号：CN 212696166 U

国家知识产权局依照中华人民共和国专利法经过初步审查，决定授予专利权，颁发实用新型专利证书并在专利登记簿上予以登记。专利权自授权公告之日起生效。专利权期限为十年，自申请日起算。

专利证书记载专利权登记时的法律状况。专利权的转移、质押、无效、终止、恢复和专利权人的姓名或名称、国籍、地址变更等事项记载在专利登记簿上。

局长
申长雨

2021年03月12日

第1页（共2页）

其他事项参见续页

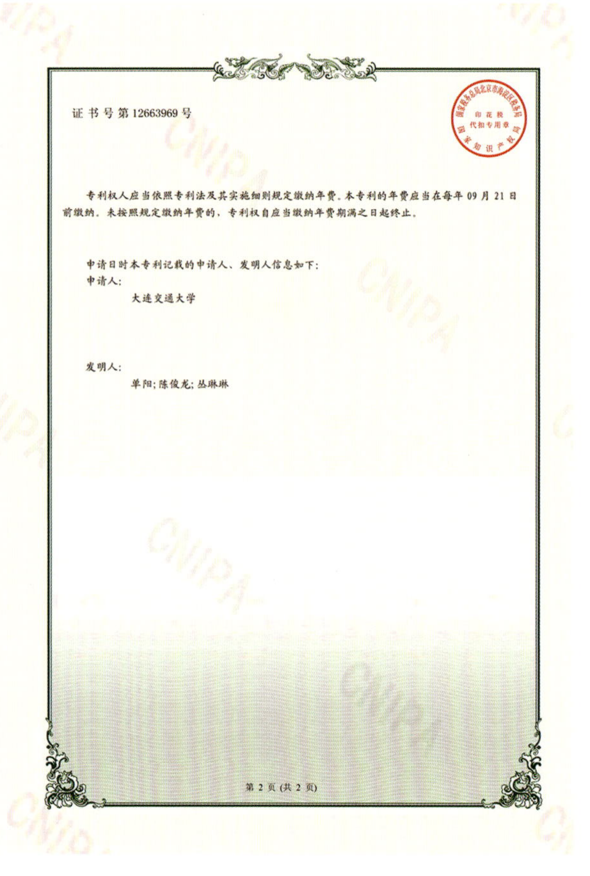

证书号第12663969号

专利权人应当依照专利法及其实施细则规定缴纳年费。本专利的年费应当在每年09月21日前缴纳。未按照规定缴纳年费的，专利权自应当缴纳年费期满之日起终止。

申请日时本专利记载的申请人、发明人信息如下：
申请人：
大连交通大学

发明人：
单阳；陈俊龙；丛琳琳

第2页（共2页）

一种香薰与音响相结合装置实用新型专利证书